DIETER BECHTHOLD/HARRO HIERONIMUS • SEEROSEN

Dieter Bechthold • Harro Hieronimus

Seerosen
Blütenzauber im Gartenteich

Dähne Verlag

Bibliografische Information der Deutschen Bibliothek.
Die Deutsche Bibliothek verzeichnet diese Publikation in der Deutschen Nationalbibliografie;
detaillierte bibliografische Daten sind im Internet über http://dnb.ddb.de abrufbar.

ISBN 10: 3-935175-33-7
ISBN 13: 978-3-935175-33-3

© 2006 Dähne Verlag GmbH, Postfach 10 02 50, D-76256 Ettlingen.

Alle Rechte liegen beim Verlag. Das gesamte Werk ist urheberrechtlich geschützt.
Jede Verwertung außerhalb der Grenzen des Urheberrechtsgesetzes ist ohne Zustimmung des Verlages
unzulässig und strafbar. Das gilt insbesondere für Vervielfältigungen, Mikroverfilmungen, die Einspeicherung
und Verarbeitung in elektronischen Systemen sowie für Übersetzungen. Alle Angaben in diesem Buch
sind sorgfältig geprüft und geben den neuesten Wissenstand wieder. Eine Garantie kann dennoch nicht
übernommen werden. Eine Haftung des Verfassers oder des Verlages für Personen-, Sach- oder
Vermögensschäden ist ausgeschlossen.

Lektorat: Ulrike Wesollek-Rottmann
Layout: Anna B. Raatz, Ulrike Stauch
Lithos: HWD M. Vogel, Waldbronn
Druck: Graspo CZ, a.s.
Printed in Czech Republic

Einleitung 9

**Die Kulturgeschichte der Seerosen
und Lotosblumen** 11

Die botanische Einteilung
    Seerosengewächse (Nymphaeaceae) 17
    Lotosblumen (Nelumbonaceae) 18

Tropische Seerosen und Lotos
    Tropische Seerosen 21
    Lotos 23

Die Seerosen
    Winterharte und tropische Seerosen 27
    Wildarten und ihre Verbreitung 27

Züchtung
    Züchtung und Entwicklung 35
    Der aktuelle Stand der Seerosen-
    züchtung 37

Aufbau der Seerosen
    Das Rhizom 43
    Rhizommerkmale und -unterschiede 43
    Die Seerosenblüte 46
    Das Seerosenblatt 54
    Weitere Sortenmerkmale 54

Inhalt

Ansprüche/Kulturbedingungen
- Pflanzsubstrate 57
- Nährstoffversorgung/Düngung 57
- Wasserqualität 58
- Wasserbewegung 59
- Licht 59

Auswahl und Einkauf von Seerosen
- Lieferqualitäten 60
- Preise 61
- Reinigung und Quarantäne 62

Pflanzung, Pflege, Krankheiten
- Pflanzzeiten 65
- Freie Anpflanzung 66
- Kübelpflanzung 66
- Anpassung an die Pflanztiefe 66
- Die Seerose im Jahresverlauf 68
- Schädlinge und Krankheiten 71
- Reduzierung/Teilung 75
- Teilung einer frei angepflanzten Seerose 76
- Neupflanzung einer Seerose bei Kübelpflanzung 77
- Entfernen einer frei angepflanzten Seerose 78
- Arbeitsmittel/Werkzeuge 78

Gestalten mit Seerosen
    Ästhetische Empfehlungen 81
    Blütenfarben passend kombinieren 82

Sortenbeschreibungen
    Auswahl, Darstellung und
    Beschreibung 85
    Sortenechtheit/Sortenbestimmung 86
    Beschreibung von 203 Sorten 87

Rezepte mit Seerosen 205

Bezugsquellen für Seerosen 208

Gesellschaften und Verbände 210

Literatur 211

Bildnachweis 211

Einleitung

Die Seerose ist die Königin des Gartenteichs, kein Gartenteich erreicht seine volle Schönheit ohne eine prächtige Seerose. Warum Seerosen diese besondere Faszination auf den Betrachter ausüben, zeigt uns ein Blick auf die Blüte. In ästhetischer Schönheit erhebt sie sich über dem Wasserspiegel, entweder direkt darauf liegend oder einige Zentimeter höher stehend. Die Blüten sind meist groß, immer klar gegliedert und nahezu perfekt symmetrisch aufgebaut, sie stellen also das klassische Schönheitsideal dar. Wir stellen Ihnen hier nicht nur eine Auswahl der inzwischen etwa 500 winterharten Seerosensorten vor, die im Handel oder bei Liebhabern und Sammlern auftauchen, sondern erläutern alles, was Sie über die Kultur der Seerose wissen müssen und zeigen Sorten, die sich sowohl für den kleinen wie für den großen Teich eignen. Die kleinsten Sorten können problemlos in einem

N. alba in einem Naturschutzgebiet in Bayern.

Kübel gehalten werden, der nur wenige Liter enthalten muss, während die größten Sorten auch noch bei einer Wassertiefe von bis zu zwei Metern gedeihen. Bei der Auswahl der über 200 Sorten, die wir Ihnen vorstellen, wurde besonderer Wert darauf gelegt, dass diese – wenn auch manchmal mit etwas Aufwand – im deutschsprachigen Raum zu beschaffen sind. Besonders wichtig war es uns auch, Ihnen die – oft persönlichen – Erfahrungen mit den vorgestellten Sorten zu schildern und so besonders praxisnahe Beschreibungen zu präsentieren. Dazu gehört natürlich auch, dass Sie in diesem Buch alle notwendigen Angaben finden, wo man Seerosen bekommt, wie man sie kultiviert und wie Sie möglichst lange daran Freude haben.

Bei der Beschreibung der Sorten haben wir uns fast ausschließlich auf winterharte Sorten der klassischen Seerosen beschränkt. Zwar werden die tropischen Seerosen und die immer populärer werdenden Lotosblumen ebenfalls vorgestellt und Sie erhalten alle für die Haltung wichtigen Hinweise. Hier jedoch die Vielzahl von Sorten sowohl tropischer Seerosen als auch der Lotosblumen ebenfalls anzuführen, hätte den Rahmen dieses Buches gesprengt.

Seerosen gehören in jeden Gartenteich. Nach der Lektüre dieses Buchs werden Sie nicht mehr einfach eine Seerose setzen, sondern Ihre Lieblingsseerose(n) finden und mit den hier präsentierten Hinweisen jahrzehntelang pflegen können. Wir wünschen Ihnen viel Spaß dabei.

Dieses Buch wäre nicht ohne die Ratschläge und Hinweise vieler Seerosenfreunde möglich gewesen. Werner Wallner, Christian Meyer und Andreas Protopapas waren uns bei der Beschaffung von Seerosen und Informationen gern gesehene Helfer. Wir danken den Mitgliedern der Gesellschaft der Wassergartenfreunde e.V. (deutsche Sektion der Internationalen Wasserpflanzen- und Seerosengesellschaft) die uns mit Informationen, aber auch bei der Beschaffung von Seerosen behilflich gewesen sind, allen voran Theo Germann, Herbert Bollerhey und Hans Weber. Nicht zuletzt dürfen wir dem leider 2003 verstorbenen Karl Wachter danken, an dessen von Heinrich Stuber übernommenen Teichen in Walderbach im Bayerischen Wald die größte öffentlich zugängliche Seerosensammlung im deutschen Sprachraum existiert. Dort finden auch alle drei Jahre die Internationalen Seerosentage statt, eine Großveranstaltung rund um die Königin des Gartenteichs. Herrn Stuber sei ebenfalls für seine Unterstützung gedankt. Dem Dähne Verlag danken wir für die Möglichkeit, dieses Buch zu realisieren.

Wuppertal und Solingen, im Frühjahr 2006
Dieter Bechthold   Harro Hieronimus

N. 'Marliacea Chromatella' ist die erste farbige winterharte Züchtung.

Die Kulturgeschichte der Seerosen und Lotosblumen

Seerosen spielten schon in der Kultur der alten Ägypter eine wichtige Rolle. Sie tauchen in Abbildungen auf, die mehr als 4000 Jahre alt sind. Dort galten sie als Symbol der Weltschöpfung und gleichzeitig als Sinnbild für die Wiedergeburt. Vor allem die blauen Seerosen hatten einen Ruf als Zauberpflanzen. Seerosen waren ein beliebtes Geschenk, gleichzeitig waren es aber auch Todesblumen, die dem Gott Osiris geweiht waren. Sie wurden deshalb auch den Göttern geopfert.

Das war auch in Indien der Fall. Aber hier hat die Seerose, und ganz besonders die Lotosblume, eine weitere Bedeutung. Sie gilt als Symbol des Buddha und spielt daher im Buddhismus eine wichtige Rolle. Der Lotoszustand ist der höchste Rang im Nirwana, der Lotossitz ist aus der Yogalehre auch hier bekannt. Auch heute findet man im Umfeld der buddhistischen Klöster größere Lotospflanzungen, aber auch Seerosen. Dabei spielt sicher auch eine Rolle, dass Lotosknollen in Südostasien gerne gegessen werden und als schmackhafte Speise sogar als Konserve angeboten werden.

Im Altertum spielte die Seerose vor allem in Griechenland eine größere Rolle. Hier erhielt sie auch ihren Namen *Nymphaea*. In der griechischen Mythologie waren Wasser und Quellen von weiblichen Gottheiten, den Wassernymphen, bewohnt. Um ihnen zu opfern, brachte man ihnen die schönsten Wasserpflanzenblüten – natürlich Seerosenblüten. Der Botaniker und Philosoph Theophrastos von Eresos, der Schüler und Nachfolger von Aristoteles war und um die Wende zum dritten vorchristlichen Jahrhundert lebte, benannte die

Nymphaea lotus ist eine tropische Seerosenart und sollte nicht mit dem Lotos (*Nelumbo*) verwechselt werden.

Am Seerosenteich in Giverny wurde eine japanische Brücke gebaut, die Monet ebenfalls malte.

Pflanze wahrscheinlich deswegen erstmals als *Nymphaea*. Allerdings gibt es in der Sagenwelt auch eine andere Erklärung für den Namen. Danach war eine Wassernymphe derart in Liebe zum griechischen Halbgott Herakles entbrannt, dass sie daran starb und sich im Tod in eine Seerose verwandelte. Auch um eine Seerosenverwandte, die Teichrose oder Mummel, rankt sich bei uns eine Sage, nach der die Wassermuhme, die im See wohnt, jeden Frevler, der eine Mummelblüte abreißt, in das Wasser zieht.

In Mitteleuropa spielte die Seerose lange Zeit keine Rolle. In der frühen Neuzeit wurde das Rhizom manchmal zum Färben verwendet, in Frankreich sollen Pflanzenteile auch zum Bierbrauen benutzt worden sein. Erst Mitte des 19. Jahrhunderts rückte die Seerose in England in das Interesse der Öffentlichkeit. Das frühe viktorianische Zeitalter war durch eine verstärkte Hinwendung zur Natur gekennzeichnet. Ein beliebtes Sonntagsvergnügen bestand darin, mit Booten auf Seen zu fahren und die Seerosen von dort aus zu betrachten. Als dieses „Hobby" langsam wieder in Vergessenheit geriet, war es der Kontinent, auf dem die Seerosen nun ihre Pracht nicht nur entfalteten, sondern einen richtigen Siegeszug durch die Gärten begannen. Etwa ab Ende der 1860er-Jahre begann Joseph Bory Latour-Marliac im Tal des Flusses Lot mit seinen Kreuzungsversuchen und konnte bald darauf die ersten farbigen winterharten Seerosen präsentieren. Bis dahin waren farbige Seerosen nahezu ausschließlich den wenigen botanischen Gärten vorbehalten, die sich die winterliche Heizung leisten konnten.

Diese Seerosen fanden schnell ihren Weg zu den Liebhabern, unter anderem zu einem der Begrün-

Der französische Impressionist Claude Monet wurde vor allem durch seine Seerosenbilder berühmt.

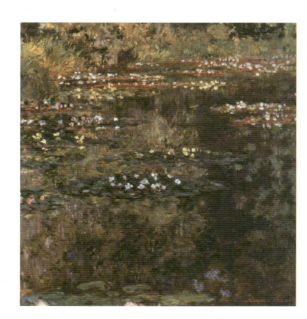
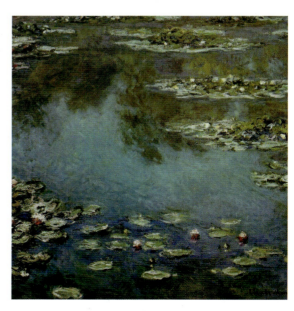

Auch heute noch existiert Monets Seerosenteich in Giverny.

der des Impressionismus, Claude Monet. Dieser ließ sich 1878 in Giverny nieder und legte dort einen großen Teich mit verschiedenen Seerosensorten an. Auf mehr als 100 oft großformatigen Bildern malte er die Seerosen und seinen Teich. Die Anlage besteht auch noch heute und kann in der wärmeren Jahreszeit besichtigt werden.

Die weiße Seerose, *Nymphaea alba*, auf einer Tiffany-Lampe.

Der Einstieg der Seerose in die deutsche Kunst ist nahezu untrennbar mit dem Jugendstil verbunden. Dessen Grundlage, der Auflösung der Formen, kam die Seerose wohl in perfekter Art entgegen. Ob auf Gebrauchsgegenständen wie Porzellan, Fliesen und Bordüren oder in der Kunst, die Seerose ist ein sehr beliebtes Motiv gewesen. Auch in anderen Ländern wurde die Seerose in dieser Stilepoche – als art nouveau bezeichnet – in der Kunst benutzt, so etwa in der berühmten Glaskunst des amerikanischen Künstlers Louis Comfort Tiffany, deren Originale heute kaum erschwinglich sind, die vielfältigen Nachbildungen aber immer noch auch mit Seerosen bestückt werden.

In Deutschland wurden etwa ab der Jahrhundertwende zum 20. Jahrhundert immer mehr Ziergärten eingerichtet. Die damaligen Zierteiche waren nicht sonderlich groß und hatten meist eine streng geometrische Form. Schon bald gehörten Seerosen in verschiedenen Sorten zur Ausstattung dieser Teiche, spätestens in den 1920er-Jahren waren Seerosen schon nicht mehr aus dem Zierteich wegzudenken. Es entstanden nun auch immer mehr naturnahe Teiche, die ein Miteinander von Sumpf- und Wasserpflanzen und natürlich Seerosen zeigten.

Das erste Buch, das sich mit der Seerose als Zierpflanze im Gartenteich beschäftigte, stammte von Heinrich Junge und erschien ca. 1918 in der „Lehrmeister-Bücherei". Doch immer noch konnten die Farben, Blüten und Blätter nur beschrieben werden und es dauerte bis in die 70er-Jahre, bis das erste Buch erschien, das ausführlich und in Farbe von Seerosen handelte.

Seitdem die Seerose bei uns größere Bedeutung erlangte, wurde auch ihrem Duft mehr Aufmerksamkeit geschenkt. Viele Seerosen haben einen ausgesprochen angenehmen, schwer zu beschreibenden Duft, der auch zum Artnamen „*odorata*" führte, die „Wohlriechende". Auch heute noch wird der Seerosenduft, der aus der Blüte gewonnen wird, in Parfums und anderen Körperhygieneprodukten verwendet.

Bereits erwähnt wurde, dass die Lotosknolle in Südostasien gerne gegessen wird. Aber auch viele Teile der Seerose sind essbar. Im letzten Kapitel sind einige Rezepte dazu abgedruckt.

Eine Jugendstilfliese mit typischem Seerosendekor.

Auch bekannte Düfte enthalten Seerosenessenzen als Duftstoffe

Nymphaea odorata var. *minor* in Kombination mit Goldkeule.

Die botanische Einteilung

Jede Pflanze wird nach ihren Verwandtschaftsverhältnissen in das biologische System eingeordnet. Diese Gliederung wird im Folgenden verkürzt nach Slocum (2005) wiedergegeben.

Seerosengewächse (Nymphaeaceae)

Die Familie der Seerosengewächse (Nymphaeaceae) ist über alle Kontinente verbreitet und wird in sechs Gattungen unterteilt:

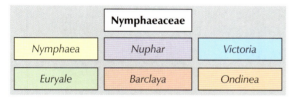

Nymphaea

Die Gattung *Nymphaea* umfasst etwa 40 Arten, die aus gemäßigten, aber auch aus tropischen und subtropischen Gebieten stammen und wiederum in verschiedene Untergattungen (Subgenera) gegliedert sind. Unterscheidungskriterien für die Bestimmung der Untergattungen sind neben „winterhart" oder „tropisch" die Eigenschaften „tagblühend" oder „nachtblühend".

Nuphar

Die Arten der Gattung *Nuphar* (Teichmummeln, Teichrosen) eignen sich auch zur Anpflanzung in Gartenteichen. Sie sind winterhart.

Zu den Arten zählen *Nuphar japonica*, *N. advena* sowie die einheimischen *N. lutea* und *N.* var. *pumila*.

Die anderen Gattungen

Die wenigen subtropischen und tropischen Seerosenarten der Gattungen *Victoria* und *Euryale* sind in Europa in großen, beheizten Schaubecken botanischer Gärten zu besichtigen. Von *Victoria* ist meist die „kleinere" Art *Victoria cruziana* angepflanzt, denn *Victoria amazonica* benötigt höhere Temperaturen und noch mehr Platz.

Bei 30 Grad Wassertemperatur entwickeln *Victoria* und *Euryale* spektakuläre Schwimmblattinseln, die in solcher Größe (bis 1,5 Meter Blattdurchmesser), Blattgestaltung und Blattstruktur einmalig sind. Die Arten dieser Gattungen sind nachtblühend.

In der Nacht blühend bedeutet, dass solche Seerosen von ca. 17.00 Uhr nachmittags bis in den Vormittag hinein ihre Blüten öffnen.

1 Eine Sorte von *Nymphaea*.
2 Die Mummel, *Nyphar lutea*.
3 *Victoria cruziana*, im Hintergrund *E. ferox*.
4 Blüte von *Euryale ferox*.
5 *Barclaya longifolia* ist als Aquarienpflanze bekannt.
6 *Ondinea* wird nur selten gepflegt.

Blattoberfläche von *Euryale ferox*, die auf jungen Blättern auch Stacheln zeigen kann.

Victoria cruziana im botanischen Garten in Bochum

Nelumbo nucifera lässt sich nicht nur wie hier in Botanischen Gärten ziehen.

Die Gattungen *Barclaya* und *Ondinea* sind der Familie der *Nymphaeaceae* neu zugeordnet worden. Die wenigen Wärme liebenden Arten sind für Botaniker und Aquarianer von Interesse.

Lotosblumen (Nelumbonaceae)

Die Gattung *Nelumbo* wird zur Zeit in einer eigenen Familie, den Nelumbonaceae, geführt und zählt damit nicht mehr zu den Seerosengewächsen.

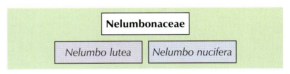

Frühzeitliche Funde belegen, dass der Lotos (vermutlich *Nelumbo nucifera*) vor der Eiszeit auch in Europa heimisch war. *Nelumbo lutea* (Amerikanische Lotosblume) ist von Nord- bis Südamerika weit verbreitet und erweist sich in milden Klimaregionen Europas als teilwinterhart. Bisher ist nur eine Züchtung mit *Nelumbo lutea* als Mutterpflanze bekannt.

Nelumbo nucifera (Indische Lotosblume) ist der im Buddhismus verehrte Lotos. Von *Nelumbo nucifera* existieren einige hundert benannte Züchtungen, die vornehmlich in China und Japan entstanden sind. Es gibt einige wenige amerikanische Kreuzungen von *N. nucifera* x *N. lutea*, die überwiegend von Perry D. Slocum auf den Markt gebracht wurden.

Nelumbo braucht keine speziellen Klimabedingungen, er braucht nur eine längere Vegetationsperiode, als wir sie in Mitteleuropa haben. Unsere Sommerwärme reicht zum Wachstum aus, nur müsste der Sommer für eine dauerhafte Freilandkultur vier bis sechs Wochen länger dauern. Lotos benötigt daher eine Vorkultur unter warmen Bedingungen und kann danach ins Freiland umgesetzt werden, wo er dann bei sonnigem Wetter gut blüht.

1 Blüte von *Nelumbo nucifera*.

2 Die Samenstände von *Nelumbo* sind häufig getrocknet in Bastelgeschäften erhältlich.

3 Auf dem Blatt der Lotosblumen haften wegen der Mikrostruktur weder Schmutz noch Feuchtigkeit.

4 *Nelumbo lutea* braucht mehr Wärme als seine asiatische Verwandte.

Tropische Seerosen und Lotos

Es gibt inzwischen Hunderte von Sorten, sowohl von tropischen Seerosen als auch von Lotos. Beide sind aber im deutschsprachigen Raum nicht sehr weit verbreitet und meist nur auf Bestellung bei einigen spezialisierten Händlern erhältlich. Zahlreiche der im Anhang genannten Händler können aber sowohl tropische Seerosen als auch Lotos beschaffen.

Die Bestellungen sollten sehr frühzeitig im Jahr erfolgen, die Auslieferung erfolgt aber meist erst nach den letzten Nachtfrösten.

Tropische Seerosen

Tropische Seerosen werden in Tag- und Nachtblüher unterteilt. Nachtblüher öffnen ihre Blüten erst nach Einbruch der Dämmerung. Meist schließen sie sich wieder am späten Vormittag, spätestens um die Mittagszeit. Ansonsten gibt es die unterschiedlichsten Farben. Dominierend vor Rot sind die Blautöne, von einem lichten Blau bis zu einem kräftigen, dunklen Blau bis zu Violett. Gelb- und Goldtöne sind mehrfach vertreten. Seltener sind rosafarbene, weiße und grünliche Färbungen. Das häufig deutlich gemusterte Laub – bei winterharten Sorten eher selten zu finden – macht diese Seerosen oft auch ohne Blüten attraktiv.

Typisch für einige tropischen Seerosen ist, dass sie lebendgebärend sind. In der Blattachse (dem

1 *N.* 'Albert Greenberg' ist eine mehrfarbige tagblühende Seerose.

2 *N.* 'Rhonda Key' steht hoch über der Wasserfläche.

3 *Nymphaea* x *daubenyana* ist eine Kreuzung aus *N. micrantha* und *N. caerulea*.

4 *N.* 'Mrs. Edward Whitaker' ist eine der zahlreichen hellblauen Sorten.

5 *N.* 'Panama Pacific' ist eine kräftig blaue Sorte, die aber tiefere Teiche braucht.

6 *N.* 'King of Siam' fällt durch die gefüllte Blüte auf.

N. 'Director George T. Moore' ist eine der häufig angebotenen Sorten.

Viviparie bei tropischen Seerosen.

Tropische Seerosen lassen sich in viele Behältern pflanzen.

Links: Von der Asiatischen Lotosblume gibt es auch gefüllte Varietäten, hier *Nelumbo* 'Roseum plenum'.

Rechts: *Nelumbo* 'Single white' ist eine rein weiße Sorte.

Übergangsbereich zum Stängel) entstehen kleine Seerosen, die sich später abtrennen oder abgetrennt werden können, sobald sie bewurzelt sind. Das Pflanzsubstrat ist das gleiche wie bei den winterharten Seerosen. Alle tropischen Seerosen sind nicht winterhart. Im Freiland dürfen tropische Seerosen deshalb erst eingesetzt werden, wenn keine Nachtfröste mehr zu befürchten sind. Die Wassertemperatur sollte nicht unter 10 °C liegen, besser deutlich darüber. Die bevorzugte Temperatur liegt zwischen 25 und 30 °C, wobei deutlich höhere Temperaturen mit mangelhaftem Wachstum quittiert werden. Botanische Gärten und einige Liebhaber, die sich auf tropische Arten spezialisiert haben, beheizen die Haltungsbecken meistens auf etwa 25 °C. Dann ist das Wachstum optimal und aus einer zu Jahresbeginn erworbenen Pflanze können bereits im gleichen Jahr schöne Blüten entstehen. Eigentlich selbstverständlich ist, dass die tropischen Seerosen etwa acht Stunden täglich Sonnen-

licht bekommen sollten. Weil diese Seerosen fast nie im sommerlichen Aufenthaltsort überwintert werden können, ist das Pflanzen in Töpfen sehr empfehlenswert. Diese sollten in einer Tiefe von 20 bis 60 cm eingebracht werden, je nach Größe der Teiche.

Die Überwinterung tropischer Seerosen ist nicht einfach. Es gibt dazu mehrere Methoden. Wichtig ist, dass man nicht abwartet, bis die letzte Blüte oder das letzte Blatt verschwunden sind. In einem Jahr mit einem milden Herbst kann das bis in den November dauern. Durch die aber trotzdem schon relativ niedrigen Wassertemperaturen verbraucht die Seerose einen Teil ihrer Stärkevorräte, die sie im Rhizom angesammelt hat, und übersteht so nicht die Überwinterung. Deswegen sollten Ende September Blätter und Blüten vom Rhizom entfernt werden. Dann wird das Rhizom in feuchtem Sand verpackt und in einem dunklen, kühlen Raum überwintert. Im Mai kann es dann wieder ausgebracht werden. Ein Vorziehen im Gewächshaus ist ab etwa März möglich. Die Überwinterung im Gewächshaus ist besonders schwierig, weil es an Licht mangelt. Eine kräftige Zusatzbeleuchtung ist deswegen auch bei Beheizung nötig, die eine Mindesttemperatur von 15 °C gewährleisten sollte.

Lotos

Im Gegensatz zur landläufig verbreiteten Meinung sind viele Lotospflanzen – vor allem die asiatischen – durchaus bedingt winterhart. Das wird auch verständlich, wenn man sich das Verbreitungsgebiet der Lotos anschaut, das bis nach Sibirien reicht. Im Gewächshaus vorgezogen, können Lotos sogar ab Mai im Kübel oder großen Eimer ins Freiland gestellt werden und bringen dort auch ihre großen Blüten mit dem dominanten Fruchtkörper hervor, der auch in der floralen Gestaltung Verwendung findet.

Das Besondere an Lotos sind auch die Blätter. Durch die nur unter dem Mikroskop sichtbare Noppenstruktur sind sie nicht benetzbar und immer sauber. Dieser Lotoseffekt wird inzwischen auch in

Links: Mit verschiedenen Tönen wird auch das Rotspektrum abgedeckt, hier *Nelumbo* 'Maggie Belle Slocum'.

Rechts: Die Blüten von *Nelumbo* 'Mrs. Perry D. Slocum' werden jeden Tag von innen her heller.

Besonders in Asien werden immer neue Sorten kreiert, hier *Nelumbo* 'Hun Zhong'.

der Industrie angewendet wird und sicher bald zahlreiche Produkte auch im Haushalt (heute schon beispielsweise bei Kacheln) prägen.

Während sich nur sehr wenige Händler mit dem Handel von Lotospflanzen befassen, sind Samen im Versandhandel oder bei Internetauktionshäusern zu erhalten. Diese werden vorsichtig eingeritzt (damit der Keimling besser die Hülle durchdringen kann) und in lauwarmem Wasser etwa im Februar an einem hellen Fenster oder im Gewächshaus vorgezogen. Das Ausbringen kann im Mai erfolgen. Ein sonniger Standort ist wie bei den tropischen Seerosen Pflicht. Es gelten auch die gleichen Vorzugstemperaturen. Anders als bei den tropischen Seerosen ist allerdings die Wassertiefe nicht so wichtig. Lotos gedeihen auch bei flachem Wasserstand und sogar im immerfeuchten Sumpf. Als Pflanzsubstrat kommt ein nicht zu nährstoffarmes mineralisches Substrat infrage, also etwa ein Quarzsand mit Beimengungen von normalem Pflanzendünger. Eine Wasserdüngung, wie bei Seerosen, ist für Lotos nicht sinnvoll, da die Nährstoffe über die Knollen aufgenommen werden.

Blätter und Blüten des Lotos sind nicht winterhart, wohl aber die Knollen. Sie vertragen allerdings kein Einfrieren. Bringt man den Kübel im Spätherbst, selbst nach Eintreten der ersten Nachtfröste, wenn die Knollen nicht im Sumpf, sondern im Wasser lagen, in tieferes Wasser ab etwa 60 cm, ist eine Überwinterung kein Problem mehr. Es sei denn, wir haben einen außergewöhnlich harten Winter, aber bei uns gelten 60 cm Wassertiefe eigentlich als frostsicher. Einige spezialisierte Halter von Lotos haben ihren Teich auch so angelegt, dass sie ihn im Herbst auf ca. 60 cm Wasserstand fluten bzw. das Wasser im Frühjahr wieder ablassen können (auf etwa 20 bis 30 cm). Dann können die Pflanzen auch frei ausgebracht werden und sich so entfalten, wie es die Gewässergröße vorgibt.

Versuche haben ergeben, dass sich die asiatischen Lotos für eine Freilandhaltung besser eignen als die amerikanischen. Das bedeutet konkret, dass sie unter den Bedingungen, die bei uns üblich sind, deutlich blühfreudiger sind. Bei der Überwinterung gibt es nach derzeitigen Erkenntnissen keine Unterschiede.

Links: Besonders eindrucksvoll: *Nelumbo* 'Shokkohren'.

Rechts: Nicht alle Lotos sind mit Namen im Handel.

Die Seerosen

Das aktuelle winterharte Seerosensortiment bietet eine große Auswahl und ein breites Spektrum. Sie finden hier Seerosensorten für unterschiedliche Wassertiefen in vielfältiger Farbenpracht. Die Blütenfarben einiger Neuzüchtungen kommen denen tropischer Seerosen nahe, wenngleich die Palette der Farben eingegrenzter ist.

Winterharte und tropische Seerosen

Als winterhart bezeichnet man solche Seerosen, die in unserem mitteleuropäischen Klima ganzjährig ohne Schutz im Freien angepflanzt werden können. Sie vertragen eine Eisschicht oberhalb des Wurzelstocks. Der Wurzelstock und das Erdreich sollten im Winter jedoch nicht durchfrieren. Dies vertragen nicht alle Seerosen. Winterharte Seerosen haben eine Vegetationszeit und eine Ruhephase. Das Wachstum und die Entwicklung der Pflanzen beginnen oder enden bei 7 bis 10 Grad Wassertemperatur.

Erst in den Anfängen stehen die neuen Züchtungsergebnisse, die durch die Einkreuzung tropischer Seerosenarten und -sorten entstanden sind.

Bisher ist es noch keinem Züchter gelungen, eine vermehrbare winterharte blaue Seerose zu züchten. Diese Farbe bleibt bisher allein den tropischen Seerosen vorbehalten.

Wildarten und ihre Verbreitung

Als Arten bezeichnet man in der Natur vorkommende Wildformen. Sorten sind Pflanzen, die aus Kreuzungen mit Arten oder bereits vorhandenen Sorten entstanden sind. Alle echten Seerosenarten sind fruchtbar (fertil). Kreuzungen können leicht zu

Nymphaea mexicana, eine für zahlreiche Züchtungen benutzte tropische Seerosenart.

Großes Bild: *Nymphaea* 'Wow' ist eine der kräftig pinkfarbenen aktuellen Sorten.

1 *Nymphaea candida* im botanischen Garten Bochum zur blauen Stunde.

2 *Nymphaea alba*, Naturstandort, alte und junge Blüte aus der Nähe.

Verwechslungen mit den reinen Arten führen, wobei die Hybriden (Zuchtergebnisse einer Kreuzung) jedoch häufig nicht mehr fruchtbar sind. Echte Seerosenarten bilden Fruchtknoten und breiten sich auch über Sämlinge aus.

Die einheimischen Seerosenarten (*Nymphaea alba, Nymphaea candida*) stehen in Deutschland unter Naturschutz. *Nymphaea candida* ist besonders selten und vom Aussterben bedroht. Winterharte Seerosenarten aus verschiedenen Kontinenten sind: *Nymphaea alba, Nymphaea candida, Nymphaea odorata, Nymphaea tetragona, Nymphaea tuberosa*.

Nymphaea alba (Weiße Seerose)

Diese in Europa ehemals weit verbreitete Art ist noch in einigen Seen und langsam fließenden Gewässern anzutreffen. *Nympaea alba* wächst in ca. 40 bis 150 cm Wassertiefe und breitet sich bei zusagenden Bedingungen stark aus. Ihre weißen, sternförmigen Blüten erreichen einen Durchmesser von ca. 12 bis 14 cm. Eine echte Samen bildende *N. alba* ist selten, auch in botanischen Gärten werden meist unfruchtbare Kreuzungen gezeigt. Ein Kennzeichen für die reine Art ist der offene Blatteinschnitt bei jungen Schwimmblättern und die fehlenden bis schwach ausgebildeten Lappenspitzen.

Von *Nymphaea alba* existieren verschiedene Unterarten und Varietäten aus verschiedenen Kontinenten. Im Handel werden häufig Miniaturformen von *Nymphaea alba* mit der Bezeichnung *Nymphaea* 'Pygmaea Alba' angeboten. Unklar ist noch, ob es sich um eine Varietät von *N. alba* handelt oder sie *Nymphaea tetragona* zuzuordnen sind.

Nymphaea candida (Glänzende Seerose)

Diese europäische Art ist nur noch ganz selten an Naturstandorten anzutreffen. *Nymphaea candida* ist insgesamt kleiner als *Nymphaea alba* und bevorzugt Wassertiefen zwischen 30 und 60 cm. Ihre weißen Blüten werden ca. 8 cm groß. Der Ausbreitungsdrang von *Nymphaea candida* ist gering, der Wurzelstock bildet nur langsam Ableger.

Ein Kennzeichen für diese Art kann ein orangefarbiger Stern auf der Narbenscheibe in der Blütenmitte sein. Andere Beschreibungen verweisen zur Bestimmung auf eine Kreuzung der Blattnerven auf der Blattunterseite.

Es ist sicher, dass verschiedene Unterarten und Formen (Varietäten) von *Nymphaea candida* existieren, die eine genaue Bestimmung auch für Fachleute erschweren.

Nymphaea odorata (Duftende Seerose)

Die Heimat dieser robusten Art ist Nordamerika. Sie ist dort in Gewässern weit verbreitet. Ein Kennzeichen von *Nymphaea odorata* ist der starke, angenehme Duft, der ihr den Namen gab. Die weiße, ca. 10-12 cm große Blüte ragt häufig ein Stück über die Wasseroberfläche hinaus. Sie wächst in Wassertiefen zwischen 30 und 60 cm. Um reichlich zu blühen, benötigt *Nymphaea odorata* eine gewisse Anlaufzeit, bis der Wurzelstock genügend Seitenableger gebildet hat. Die Art besitzt einen mittelstarken bis hohen Ausbreitungsdrang und ist anpassungsfähig an unterschiedliche Wassertiefen, deshalb besser für größere Teiche geeignet.

Von *Nymphaea odorata* existieren verschiedene Unterarten, die auch eine rosa Blütenfarbe aufweisen können.

3 *Nymphaea tetragona* ist über viele Kontinente verbreitet und zeigt verschiedene Blütenformen. In Europa geläufig ist der „Lata-Typ" mit breiten Blütenblättern.

4 *Nymphaea tetragona* aus Japan. Dieser schmalblättrige Blütentyp wurde aus Samen großgezogen. Die Seerose überlebte den ersten Winter nicht.

Nymphaea odorata var. rosea wurde 1893 von Millspaugh in West Virginia entdeckt. Sein Kartoffelacker lag in einer Senke. Dort tauchten jedes Jahr beim Pflügen Bruchstücke von Rhizomen auf. Wenn man sie in Wasser pflanzte, entwickelten sich Seerosen mit rosa Blüten. Offensichtlich muss die Senke früher ein See gewesen sein, den man danach trockengelegt hatte. Dies ist auch ein Beispiel dafür, wie anpassungsfähig und robust *Nymphaea odorata* ist!

Durch Züchtungen sind viele aktuelle Sorten aus *Nymphaea odorata* entstanden. Seerosengärtnereien mögen reine *Odorata*-Sorten nicht so gerne, da Jungpflanzen wegen des stärkeren Ausbreitungsdrangs nur in größeren Containern Platz finden.

Im Handel findet man auch gelegentlich eine kleinere Art mit der Bezeichnung *Nymphaea odorata* var. *minor*. Die Blüten erreichen einen Durchmesser von 8 cm. Diese Varietät kann in ca. 20 bis 30 cm Wassertiefe angepflanzt werden.

Nymphaea tuberosa (Knollenseerose)

Diese Wildform ist in Nordamerika beheimatet. Die Schwimmblätter erreichen einen Durchmesser von ca. 40 cm, während die Blüten nur einen Durchmesser von 10 bis 12 cm besitzen. *Nymphaea tuberosa* liebt tieferes Wasser ab 80 cm bis 150 cm und

1 *Nymphaea* 'Alba minor' und *Nymphaea* 'Pygmaea alba' sind nach aktueller botanischer Bestimmung keine Arten, sondern Züchtungen. Unter dieser Bezeichnung werden im Handel sehr unterschiedliche kleine Seerosen angeboten, die meist unfruchtbar sind.

2 *Nymphaea odorata* aus einer Privatsammlung.

3 Diese Seerose stammt aus einer Anpflanzung in Japan und wird als *Nymphaea odorata* 'Rosea' angeboten. Sie bildet Samen, ist aber nicht blütenreich.

4 *Nymphaea odorata* var. *minor* ist kleinwüchsig und bildet Samen.

Nymphaea tuberosa 'Richardsonii' ist eine geläufige Züchtung aus *N. tuberosa*.

N. candida im Botanischen Garten in Bochum, Standort 25 cm Wassertiefe in einem Bachlauf.

Nymphaea 'Alba minor', hier in Walderbach. Die Blüte ist 8-10 cm groß, die Schwimmblätter besitzen 14-16 cm Durchmesser.

ist nur für große Teichanlagen geeignet. Auf Grund des starken Ausbreitungsdrangs und der geringen Blütenbildung wird sie nur selten kultiviert und für Kreuzungen verwendet. Die Seerosensorte *N.* 'Gladstoniana' ist eine bekannte und blütenreiche Züchtung mit dieser Art.

Nymphaea tetragona (Zwergseerose)

Diese zierliche, winterharte Art ist von Nordamerika über Europa bis nach Asien verbreitet. Natürliche Vorkommen sind in Europa jedoch sehr selten. Jungpflanzen bevorzugen eine Wassertiefe von ca. 15 cm, während ältere Pflanzen am günstigsten in ca. 30 cm Wassertiefe kultiviert werden. Die weißen Blüten erreichen einen Durchmesser von 2 bis 6 cm.

Man erkennt *Nymphaea tetragona* daran, dass sie sehr kompakt wächst. Der Wurzelstock verzweigt sich erst nach vielen Jahren.

Es existieren verschiedene Unterarten, die morphologische Unterschiede in der Blütenblattbreite (lata = breit, angusta = eng, knapp) und weitere Unterschiede in der Form und Färbung der Schwimmblätter zeigen. *Nymphaea tetragona* bildet willig Samen, deren Jungpflanzen bereits nach einem Jahr blühen können. *N. tetragona* ist nur in natürlicher Anpflanzung langlebig und in Kübelpflanzung anfällig für die Seerosenblattfäule.

Nymphaea tetragona ist die kleinste Seerosenart. Leider ist sie in regenreichen Gebieten anfällig für Blatterkrankungen. Wirklich klein bleibt sie nur in den ersten zwei Jahren.

Nuphar (Teichmummel, Teichrose)

Nuphar benötigen weniger Sonnenlicht als Seerosen und gedeihen auch gut im Halbschatten. *Nuphar lutea* ist insbesondere in Skandinavien, aber auch in Deutschland heimisch und steht unter Naturschutz. Sie ist eine sehr robuste, anpassungsfähige und sich schnell ausbreitende Art, die für Wassertiefen zwischen 40 und 150 cm in Frage kommt. Die gelben, über dem Wasser stehenden Blüten erreichen einen Durchmesser von ca. 4 cm und wirken in Relation zu dem bis 40 cm großen Schwimmblatt leicht unproportional. *Nuphar lutea* besitzt daher den Status einer Liebhaberpflanze.

Für Gartenteiche ab 6 m² sind folgende Arten geeignet:

Nuphar japonica (Japanische Teichrose)

Nuphar lutea var. *pumila* (Zwergteichrose)

Attraktiv wirkt *Nuphar lutea* var. *variegata* (im Wuchs der Zwergteichrose ähnelnd) mit einem zeitweise gemusterten Schwimmblatt. Es entschädigt den Betrachter für die kleine Blütengröße. Während *N. lutea* und seine Unterarten gelb blüht, zeigt *N. japonica* schön orangefarbene, aber leider auch kleine Blüten.

1 *Nuphar advena*.

2 *Nuphar lutea* var. *variegata* zeigt ein schönes Blattmuster.

3 *Nuphar lutea* var. *pumila* ist eine kleine Form der Teichmummel.

4 *Nuphar lutea* ist unsere einheimische Teichmummel oder Teichrose.

Helle Seerosen und blaue Iris bilden einen schönen Farbkontrast

Züchtung

Züchtung und Entwicklung

In Europa war die heimische Seerosenart *Nymphaea alba* in Flüssen und Seen weit verbreitet. Wer es sich leisten konnte, kultivierte im 19. Jahrhundert jedoch tropische Seerosen in aufwändigen Glasgewächshäusern. Ende des 19. Jahrhunderts beginnt die Züchtungsgeschichte winterharter Seerosen. Insbesondere der Franzose Joseph Bory Latour-Marliac war in Temple-sur-Lot/Frankreich in dieser Zeit äußerst erfolgreich. Er hatte die Idee, mit winterharten bunten Seerosen heimische Seen und Gewässer farbenprächtig gestalten zu können. Im Jahre 1877 gelang Latour-Marliac die erste farbige Kreuzung unterschiedlicher Arten. So entstand die legendäre winterharte, hellgelbe *Nymphaea* 'Marliacea Chromatella'. Einige Jahre später folgte *Nymphaea* 'Marliacea Rosea', die erste hellrosa Seerosenzüchtung.

Bis zu seinem Tod im Jahre 1911 züchtete Latour-Marliac ca. 80 winterharte Sorten, von denen die meisten noch heute zum Standardsortiment in der ganzen Welt gehören. Marliac-Züchtungen zeichnen sich durch Reichblütigkeit und meist auch durch Robustheit aus. Die Züchtungen wachsen kompakt und wuchern weniger stark als die Wildformen. Marliacs Züchtungserfolge und die Seerosengemälde seiner Seerosenzüchtungen von Claude Monet machten beide berühmt. Ihm gelang es, Seerosen für unterschiedliche Wassertiefen zu züchten. Neben verschiedenen Blütenformen bietet sein winterhartes Sortiment auch eine breite Palette an Farben.

Latour-Marliac versuchte auch winterharte Seerosen mit tropischen Seerosen zu kreuzen. Jedoch gelang dies nur mit eingeschränktem Erfolg. Lediglich der Pollen von *N. mexicana* fruchtete bei seinen Kreuzungsversuchen mit winterharten Arten und fertilen Sorten. Ergebnisse sind die robuste *N.* 'Marliacea Chromatella' und verschiedene empfindliche kleinere Sorten (z.B. *N.* 'Aurora', *N.* 'Sioux'), die ein marmoriertes Blatt aufweisen.

Nymphaea 'Marliacea Albida' ist eine robuste frühe Züchtung von Latour-Marliac.

Nymphaea 'Marliacea Chromatella' ist Latour-Marliacs erste winterharte farbige Seerosenzüchtung aus dem Jahre 1877. Sie ist eine starkwüchsige, robuste, zartgelbe Seerosenzüchtung. Aktuelle gelbe Sorten zeigen verbesserte Eigenschaften.

Nymphaea 'Marliacea Rosea' wurde vermutlich 1879 gezüchtet. Sie gilt auch noch heute als eine gute, anpassungsfähige Sorte für größere Teiche und ist die am meisten verbreitete Seerose.

Nach seinem Tod im Jahre 1911 wurde die Seerosengärtnerei und das Züchtungswissen an seinen Enkel Jean Laydeker vererbt. Ableger der geläufigsten und besten Marliac-Seerosen wurden in der Folgezeit von vielen Gärtnereien vermehrt und in Konkurrenz vermarktet. Ein Sortenschutz für Pflanzen ist für Züchter in Europa auch noch heute ein unbefriedigend gelöstes Thema. Die Seerosengärtnerei Latour-Marliac verlor unter der weltweiten Konkurrenz an Bedeutung und wurde eingestellt.

Water Gardens, England, kaufte die verfallene Gärtnerei und bauten sie zu einem Marliac-Museum um. Die Gebäude wurden restauriert und das noch vorhandene Seerosensortiment gesichtet, sortiert und ergänzt. Damit ist das Marliac-Museum in Temple-sur-Lot für Seerosenliebhaber und -käufer zu einem attraktiven Ausflugsziel geworden.

Durch die Entwicklung von PVC-Folien wurde ab ca. 1955 die Anlage preiswerter Gartenteiche möglich und langsam populär. Gartenteiche, ob in Folie oder als Fertigteichschale, liegen im Trend und dieser Boom wird sich weiter fortsetzen. Hierdurch ist auch die Nachfrage nach Seerosen stark gestiegen. Auch Seerosenzüchtung machte nun wieder Sinn.

Latour-Marliac-Statue im „Etablissement Botanique" in Temple-sur-Lot in Frankreich.

Der aktuelle Stand der Seerosenzüchtung

Verschiedene Züchter in aller Welt bemühen sich um neue Kreuzungen. Marktlücken und neue Züchtungsziele bei Seerosen gibt es noch genug. Insbesondere das Angebot an kleinen winterharten Seerosen ist noch sehr gering. Besonders bemerkenswert sind die Züchtungserfolge von Perry D. Slocum und Dr. Kirk Strawn. Viele dieser auffallend schönen neuen amerikanischen Sorten bereichern seit etwa 1990 zunehmend auch den europäischen Markt und nehmen Einzug in die Standardlisten und Sortenempfehlungen. Latour-Marliacs Seerosensortiment hat starke Konkurrenz bekommen.

Perry D. Slocum, North Carolina (USA)

Seine Züchtungsarbeit begann bereits um 1945. Herausragende Erfolge sind ab 1990 zu verzeichnen. Er hat es geschafft, vergleichbare Züchtungserfolge wie Latour-Marliac zu erzielen. Seine Sorten zeigen teilweise neue Farben und Blütenformen und gelten als sehr blühwillig. Es sind viele bemerkenswerte neue winterharte Seerosen, einige tropische Seerosen, aber auch viele neue Lotoszüchtungen in seinen Gärtnereien entstanden. Slocum-Züchtungen finden auch viel Anklang in Europa und halten Einzug in das Standardsortiment. Die Ängste, eine unzureichende Winterhärte und Krankheitsresistenz seiner Seerosensorten betreffend, sind nicht bei allen Sorten berechtigt. Es ist eher eine Frage der Lieferqualität, denn in Slocums Gärtnereien ist die Seerosenfäule ein aktuelles Thema. Slocums Züchtungsarbeit ist beendet, denn im Jahre 2004 ist Perry D. Slocum im hohen Alter verstorben. Er war sich sicher, dass viele seiner markanten und farblich auffallenden winterharten Sorten durch das Einkreuzen mit dem Pollen tropischer

„Etablissement Botanique" ist die wiederhergestellte alte Seerosengärtnerei von Latour-Marliac.

„Etablissement Botanique", im Gebäude links im Bildhintergrund waren Marliacs Arbeitsräume. Heute ist hier ein Museum eingerichtet. Rechts im Bildhintergrund das ehemalige Wohnhaus, in dem Latour-Marliac lebte.

Vor dem Haus und den Arbeitsräumen befinden sich die Seerosenbecken. An den Beckenrändern sind die typischen Tonschalen zu sehen, in denen Latour-Marliac junge Ableger sammelte.

1 *N.* 'Black Princess' ist neben *N.* 'Almost Black' die zur Zeit dunkelste Seerosensorte des Züchters Perry D. Slocum.

2 Pfirsich- und apricotfarbene Sorten wie *N.* 'Barbara Davies' gibt es erst seit wenigen Jahren.

Seerosen entstanden sind. Andere Züchter und Konkurrenten bezweifeln dies und behaupten, dass solche Kreuzungen generell unmöglich sind.

Dr. Kirk Strawn, Texas (USA)

Seine zahlreichen neuen Züchtungen stellen viele ältere Sorten in den Schatten und sind auch in Europa sehr begehrt. Auch sein Sortiment an neuen Seerosensorten kann sich mit Latour-Marliacs Erfolgen messen lassen. Sein Züchtungsziel sind wechselfarbige Seerosen im Bereich Pfirsich/Apricot, genannt 'Sunset-Shades'. Das Verhältnis von K. Strawn zu Perry D. Slocum war von schärfster Konkurrenz geprägt. Strawn-Züchtungen gelten als sehr robust und wenig anfällig für die Seerosen-Kopffäule. Vermutlich auch deshalb, da seine Gärtnerei bisher von der Seerosenfäulnis verschont blieb und seine Lieferungen eine gute Qualität besitzen.

Viele Strawn-Züchtungen blühen auch in unserem härteren mitteleuropäischen Klima gut und sind gesund. Seine aktuellen 'Sunset-Shades'-Züchtungen begeistern jeden Betrachter. In Europa werden seine Seerosenzüchtungen immer häufiger angeboten und bereichern den Markt mit diesen neuen Blütenfarben. Kirk Strawn hat seine Gärtnerei im Jahr 2002 verkauft und sich zur Ruhe gesetzt. Zu hoffen ist, dass er seine Züchtungsarbeit fortsetzt.

Anmerkungen zu neuen amerikanischen Züchtungen und deren Kultivierung

Neue amerikanische Sorten sind häufig in der Vermehrung durch Patentrechte geschützt. Sie werden im Frühsommer über Zwischenhändler aus Amerika oder Israel importiert und dann an die Endkunden weitergeleitet. Die Vermehrungsbedingungen sind in diesen Anbaugebieten klimatisch sehr günstig und die Mutterpflanzen sind durch Dünger auf Wachstum und Zuwachs getrimmt. Das Rhizom neuer amerikanischer Sortenableger ist schnell gewachsen und für strenge euro-

päische Winter zu weich und zu frostempfindlich. Beobachtungen zeigen, dass diese Sorten eine längere Eingewöhnungszeit und Abhärtung benötigen, um sich den europäischen Klimaverhältnissen anpassen zu können. Gelingt dies, dann werden Sie feststellen, dass die Winterhärte bei vielen Sorten auch in Europa kein Problem darstellt. Eine klimatische Anpassung dauert aber eine gewisse Zeit. Eine Eingewöhnung und Überwinterung in einem kalten Gewächshaus ist als Übergangslösung für empfindliche Sorten hilfreich bis notwendig. Da noch wenig europäische Erfahrung mit diesen neuen Sorten besteht, werden die Pflanztiefen und Sorteneigenschaften der amerikanischen Züchter übernommen.

Beispiel: N. 'Perry's Fire Opal' in 80 cm Wassertiefe zu pflanzen, ist in unserem Klima für diese Seerose vernichtend. Da sind 30 bis 50 cm Wassertiefe sinnvoll, denn diese gute Seerose erweist sich nach einer Klimaanpassung als sehr winterhart.

Aktuelle europäische Seerosenzüchtungen

Noch wenig bekannt und neu sind die Züchtungserfolge von Reg Henley von der Wychwood Waterlily Farm in England. Auch seine Züchtungserfolge verdienen höchste Beachtung und er bietet bereits zahlreiche neue Seerosensorten zum Verkauf an. Auch in Amerika gilt Reg Henley als Seerosenexperte. Von seinen neuen Seerosenzüchtungen ist N. 'Jim Saunders', 1996, als kleine Seerosensorte besonders bemerkenswert.

In Zypern züchtet Andreas Protopapas erfolgreich neue Seerosensorten. Sein winterhartes Sortiment umfasst viele gelbe Sorten, und seine Seerosenzüchtung N. 'Maria' ist in Amerika zur besten Neueinführung des Jahres 2005 gewählt worden.

Aktuelle deutsche Seerosenzüchtungen

Auch Wassergärtnereien in Deutschland wie „La vie en rose, Christian Meyer", „Berthold" oder „Oldehoff" betreiben zunehmend auch Seerosenzucht und führen neue Sorten in den Markt ein.

3 N. 'Colorado' ist eine kräftig rosafarbene Züchtung von Kirk Strawn.

4 N. 'Maria' ist eine der neuen Züchtungen von A. Protopapas.

N. 'Perry's Fire Opal' wird für viele Neuzüchtungen verwendet.

Nymphaea 'Efestus' ist eine kräftig rote Sorte.

Nymphaea 'Aphrodite' erweitert den rosafarbenen Formenkreis.

Nymphaea 'Niki' ist eine attraktive mehrfarbige Sorte.

Nymphaea 'Thalia' ist eine großblütige gelbe Seerose.

Unbenannte neue Seerose in Walderbach.

German Two ist die Bezeichnung der Züchtergemeinschaft Bechthold/ Meyer. Ein erstes Ergebnis ist *Nymphaea* 'Fried Egg'.

Noch unbenannte neue Seerose bei Harro Hieronimus.

Im Hochsommer sind viele Seerosensorten sehr blütenreich.

Aufbau der Seerosen

Das Rhizom

Die Seerose ist eine Staude. Sie besitzt eine kräftige Sprossachse, Rhizom genannt. Das Rhizom breitet sich nahe am Gewässerboden durch Haupt- und Seitentriebe aus. Sein Durchmesser kann zwischen 2 und 8 cm variieren. Durch lange kräftige Wurzeln verankert sich der Wurzelstock im Gewässerboden. Die Wurzeln erreichen eine Länge von ca. 30 cm und dringen bis ca. 25 cm tief in den Boden ein. Das Rhizom ist nicht sehr hart und daher druckempfindlich. Der Sauerstoffanteil macht das Rhizom schwimmfähig. An den jungen Enden des Hauptstrangs und den Seitensträngen des Wurzelstocks (kleine Seitenableger werden auch „Augen" genannt) bilden sich die gestielten Blatt- und Blütentriebe. Eine Einteilung der Seerosen nach verschiedenen Rhizommerkmalen ist in Fachkreisen geläufig.

Rhizommerkmale und -unterschiede

Die Naturarten von Seerosen zeigen unterschiedliche Rhizommerkmale. Während die winterharten großen Wildformen wie *Nymphaea alba*, *Nymphaea tuberosa* und *N. odorata* sich mit waagerechten Ausläufern im Gewässerboden schnell ausbreiten, wachsen *Nymphaea candida* und *Nymphaea tetragona* mehr senkrecht und besitzen einen geringen Ausbreitungsdrang. Durch Kreuzungen sind bei den winterharten Seerosen unterschiedliche Rhizomtypen entstanden, die man im Groben nach ihren Wuchseigenschaften und Wuchsformen unterscheiden kann.

Folgende Rhizomtypen können bei winterharten Seerosen unterschieden werden: Marliac-Typ, Odorata-Typ, Finger/Daumen-Typ, Senkrechter Wuchstyp. Auf den Tuberosa-Typ wird hier nicht weiter eingegangen, da Züchtungen mit dieser Art selten und nicht geläufig sind. Grundsätzlich ähneln die Rhizomeigenschaften dem Odorata-Typ.

Rhizomteilstück mit den richtigen Bezeichnungen.

Neue Wurzeln bilden sich immer nur an den Triebspitzen.

Ein Rhizom vom so genannten Ananas-Typ, wie es bei einigen neuen gelben Sorten vorkommt.

Marliac-Typ

Die Rhizommerkmale solcher Sorten ähneln denen von *Nymphaea alba*. Der Ausbreitungsdrang ist jedoch meist geringer und die Seerose wächst kompakter als die Naturform. Ein älteres Rhizom kann bei guter Nährstoffversorgung einen Durchmesser von 6 bis 8 cm erreichen. Der Durchmesser des Rhizoms ist ein wichtiges Unterscheidungsmerkmal zu anderen Rhizomtypen. Die Form des Rhizoms ist an der Bruch- oder Schnittstelle annähernd rund. Der Abstand der Narben (abgestorbene Blatt- und Blütentriebe) am Rhizom ist gering. Das Marliac-Rhizom bildet frühzeitig Seitentriebe, die kräftig und fest mit den Haupttrieben verbunden sind.

Odorata-Typ

In Unterscheidung zum Marliac-Rhizom breitet sich dieser Rhizom-Typ durch dünnere Triebe schneller und weiter aus. Das Rhizom ist im Durchmesser nur 2 bis 4 cm dick und zeigt im Schnitt eine ovale Form. Die Blatt- und Blütenaustriebe am Rhizom zeigen einen größeren Abstand. Neue Triebe (Ableger) bilden sich nach 10 bis 20 cm an den Haupttrieben. Sie sind nur schwach (dünn) mit dem Haupttrieb verbunden. Junge Triebe (auch Augen genannt) lassen sich daher leicht abbrechen. Traditionelle Odorata-Typen wachsen weniger kompakt. Es dauert zwei bis drei Jahre, bis solche Sorten mit genügend stark ausgebildeten Seitentrieben ein reiches Blütenbild zeigen.

Finger- oder Daumen-Typ

Unter dieser Bezeichnung werden sehr kompakt und langsam wachsende Rhizome geführt, deren Durchmesser ca. 2 bis 4 cm betragen. Die kleinen Seitentriebe bilden sich in kurzen Abständen am Haupttrieb und können leicht abgebrochen werden.

Ein altes Teilstück eines Marliac-Rhizoms, das besonders robust und kräftig ist.

Rhizom vom Marliac-Typ mit engen Nebentrieben, hier bei N. 'Froebeli'.

Aus jedem Teil dieses Fingerrhizoms entwickelt sich eine neue Seerose.

Odorata-Rhizome neigen auch zum Ausbrechen aus dem Topf.

Odorata-Rhizom bei N. 'Perrys Fire Opal' zeigt eng beieinander liegende Seitentriebe.

Ein Rhizom von N. candida, ein senkrechter Typ mit geringem Platzbedarf.

Die Ableger bilden sich nach zwei bis drei Jahren und zeigen einen Rhizomdurchmesser von ca. 0,5 cm. Typische Beispiele sind N. 'Helvola' und N. 'Pygmaea Rubra'.

Senkrechter Typ

Eine ganz geringe Ausbreitung am Wurzelstock zeigen die Naturarten N. candida und N. tetragona. Das Rhizom wächst stärker senkrecht und benötigt daher im Wuchsverlauf eine Erdtiefe von ca. 30 bis 50 cm mit ausreichender Nährstoffversorgung. Die Wurzeln dieser Seerose sind stark und kräftig ausgebildet. Am Rhizom bilden sich erst nach vielen Jahren wenige Ableger, die fest mit dem Haupttrieb verbunden sind. Der Rhizomdurchmesser wächst mit dem Alter der Pflanzen.

Mischformen

Kreuzungen beeinflussen auch die Rhizommerkmale und führen zu Mischformen, die eine genaue Bestimmung oder Zuordnung der Rhizome erschweren. N. 'Perry's Fire Opal', ein kompakter Odorata-Rhizomtyp, wurde in Amerika auch wegen neuer Rhizomeigenschaften ausgezeichnet. Diese Seerosensorte zeigt einen für Odorata-Seerosen untypischen Wuchs mit geringem Ausbreitungsdrang und besitzt sehr eng beieinander liegende Seitentriebe (Augen). Auch viele neue gelbe und gelbanteilige Seerosen weichen von den beschriebenen Mustern ab und zeigen veränderte Rhizommerkmale wie zum Beispiel das so genannte Ananas-Rhizom. Die Struktur des Rhizoms erinnert an die Schalenoberfläche einer Ananas.

Die Seerosenblüte

Die Knospe einer Seerose ist frühzeitig am Rhizomaustrieb als Blütenansatz zu erkennen. Die Blütenknospe unterscheidet sich deutlich von den Blattaustrieben. Es ist von der Wassertiefe und der

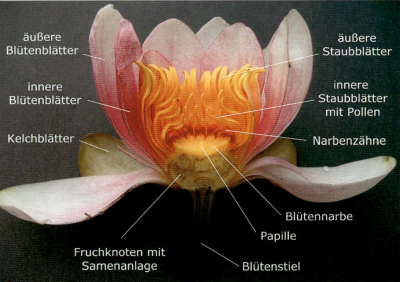

1 Eine Blüte am ersten Tag. Die Blütennarbe ist deutlich zu sehen.

2 Eine Blüte am dritten Tag, oben Knospen.

3 Eine Blüte am vierten Tag mit Restpollen und geschlossener Narbe.

4 Das Ende eines Blütenlebens – sie wird sich nicht mehr öffnen.

Der Tagesverlauf der Blütenöffnung bei N. 'Zores'. 3. Blütentag

Wassertemperatur abhängig, wie lange es dauert, bis eine Knospe die Wasseroberfläche erreicht hat. An der Wasseroberfläche angelangt, dauert es weitere zwei bis drei Tage, bis sich die Blüte zum ersten Mal öffnet. Vier, selten fünf Kelchblätter umhüllen die inneren Blütenteile. Die Außenseiten und vielfach auch die Innenseiten der Kelchblätter zeigen eine andere Färbung als die Blütenblätter.

Eine Seerosenblüte öffnet und schließt sich vier bis fünf Tage lang. An der Veränderung der Narbenzähne und den inneren Staubblättern ist das Alter der Blüte erkennbar. Seerosen können unterschiedliche Blütenformen und Eigenschaften zeigen.

Auch die Blütenstiele von Seerosen zeigen in Form und Farbe Unterscheidungsmerkmale. Die Blütenstiele besitzen Luftkanäle.

Öffnungszeit der Blüte

Eine Blüte öffnet sich täglich für sieben bis acht Stunden und das vier bis fünf Tage lang. Das ist generell von den Lichtverhältnissen und der Lufttemperatur abhängig. Die meisten Sorten öffnen ihre Blüten gegen 10.00 Uhr und schließen ihre Blütenblätter um ca. 17.00 Uhr. Nach einer kühlen Nacht und einem verdeckten Himmel am Morgen öffnen sich die Seerosenblüten erst gegen Mittag, bleiben dann aber bis zum Abend geöffnet. An heißen Sommertagen mit lauen Nächten kann die Blütenöffnung bereits um 8.00 Uhr beginnen, dafür beginnt das Schließen der Blüten entsprechend früher. Aber es gibt auch Sorten, die generell eine längere Öffnungszeit der Blüten zeigen, zum Beispiel N. 'Fritz Junge' und N. 'Escarboucle'.

Bei einigen Sorten wächst die Blüte während ihrer kurzen Lebensdauer. Die Blütenblätter werden größer und können von den Kelchblättern der Blüte nicht mehr bedeckt werden. So sieht man auch spät abends ein wenig Farbe, etwa bei N. 'Perry's

Fire Opal'. Der Sorte N. 'Peter Slocum' sagt man nach, dass sie in warmen Sommernächten teiloffen bleibt. Eine lange Öffnungszeit der Blüte beobachtet man bei fertilen (Samen bildenden) Seerosen, wenn die Blüte nicht befruchtet wird. N. 'Peter Slocum', N. 'Fritz Junge' und N. 'Perry's Fire Opal' sind fertil und können zeitweise diese lange Öffnungszeit bieten. Leider nicht immer.

Blütezeit der Seerosen

Viele Seerosensorten blühen ab Ende Mai/Anfang Juni verschwenderisch und blühen dann in geringerer Knospenzahl bis Oktober durch. Andere Sorten beginnen mit ihrer Blüte später, die sich dann im weiteren Verlauf kontinuierlich steigert. Es gibt früh blühende Sorten, die bereits Ende April/Anfang Mai ihre Blütenfarbe im Gartenteich zeigen. Die meisten Frühblüher gönnen sich eine Blühpause im Hochsommer. Ab Ende August tritt dann eine Nachblüte ein. Generell ist die Blütezeit stark vom Wetter abhängig.

Blütenreichtum

Der Blütenreichtum ist von der Sorte, der richtigen Pflanztiefe, den Lichtverhältnissen und der Wassertemperatur abhängig. Vorausgesetzt, dass die Nährstoffversorgung der Pflanze gesichert ist, besitzt die Anpflanzungsart (frei oder Kübel) für die Blütenbildung keine Bedeutung. Es ist bei guten Wachstumsvoraussetzungen genetisch bedingt,

N. 'James Brydon' gehört zu den reich blühenden Seerosensorten.

nach wie vielen Schwimmblättern eine Seerose eine Blüte bildet. Viele Seerosensorten blühen in heißen Sommern besonders reich.

Als besonders blütenreich gelten zum Beispiel: N. 'Laydekeri Rosea Prolifera', N. 'Rosennymphe', N. 'William Falconer', N. 'James Brydon', N. 'Perry's Dwarf Red', N. 'Perry's Fire Opal'.

Farbe der Blüte

Die Farben der winterharten Seerosen reichen von Weiß, Rosa, Rot bis Dunkelrot. Aktuelle Seerosensorten, die aus Kreuzungen mit N. mexicana und Folgekreuzungen entstanden sind, zeigen gelbe, gelbrosa und pfirsichfarbene Komponenten in der Blüte. Bei neueren amerikanischen Züchtungen kommen auch rosa-violette und rot-violette Farbtöne vor. Sehr neu in der Farbpalette sind die „Black-Sorten", nicht richtig schwarz, aber sehr tief dunkelrot. Die Blütenfarbe von N. 'Black Princess' besitzt zwar wenig Kontrast zu den dunklen Schwimmblättern und dem dunklen Wasser, aber solch eine Blütenfarbe ist ein bemerkenswertes neues Züchtungsergebnis. Vermutlich ist sie entstanden aus einer Kreuzung mit den Pollen tropischer Seerosen, mit dem Ziel, eine winterharte blaue Seerose zu züchten. Bei einigen Sorten verändert sich die Blütenfarbe im Verlauf ihrer Lebenszeit. Sie wechselt von helleren zu dunkleren Farbtönen, so zum Beispiel bei der Seerosensorte N. 'Maurice Laydeker' und N. 'Sioux'.

Die Sorte N. 'Rosennymphe' blüht am ersten Tag in einem hellen Rosa auf, das sich dann in den Folgetagen in ein cremiges Weiß verändert.

Die Blüten von N. 'Sioux' verändern ihre Farbe mit jedem Blütentag.

Die Blüte von N. 'Colorado' steht besonders hoch über der Wasseroberfläche.

Stand der Blüte

Die meisten winterharten Seerosensorten treiben Blüten, die auf der Wasseroberfläche schwimmen. Einige Sorten, insbesondere Odorata-Züchtungen, bilden ihre Blüten im flachen Wasser auch 5 bis 7 cm oberhalb der Wasseroberfläche. Kurz über dem Wasser blühen N. 'Rose Arey', N. 'Fire-

N. 'Arc-en-Ciel' besitzt deutlich strahlenförmige Blüten.

Unter den Sorten mit tassenförmiger Blüte finden sich bekannte Sorten wie N. 'Murillo'.

Eine sternförmige Blüte zeigt etwa N. 'Perry's Red Wonder'.

N. 'Froebeli' ist eine der wenigen Sorten mit kelchförmiger Blüte.

crest' und N. 'Froebeli'. Beispiele für hoch (10 bis 15 cm) über dem Wasser blühende Sorten sind die gelben und gelbanteiligen Seerosen (z.B. N. 'Texas Dawn', N. 'Colorado'), die N. mexicana im Erbgut aufweisen.

Ob Sie die hoch stehenden Blüten über dem Wasserspiegel schön finden, ist Geschmackssache. Dieses Blütenmerkmal ist sonst generell für tropische Seerosen typisch.

Blütenform

Die Bandbreite der Blütenformen reicht von strahlenförmig bis kugelförmig. Folgende Blütenbezeichnungen, die sich auf die Form der Blüte sowie Breite und Länge der Blütenblätter beziehen, sind geläufig: strahlenförmig, sternförmig, tassenförmig, kelchförmig, kugelförmig. Neuere Beschreibungen benutzen auch Blütenvergleiche wie: chrysanthemenförmig oder paeonienförmig. Besonders sternförmig blühen N. 'Arc-en-Ciel' und N. 'American Star'. Kugelförmig blühen zum Beispiel N. 'James Brydon' und N. 'Perry's Baby Red'.

Anzahl und Form der Blütenblätter

Auch hier hat das Sortenspektrum Unterschiedliches zu bieten. Während Miniatursorten und Wildarten mit Blütenblättern eher geizen (ca. 10 bis 14 Blütenblätter), weisen einzelne Züch-

Eine kugelförmige Blüte wird nur von wenigen Sorten gezeigt, hier bei N. 'Bola'.

tungen bis nahezu 100 Blütenblätter auf und wirken damit gefüllt. Extrem zu sehen ist dies bei der Sorte N. 'Gloire du Temple-sur-Lot' und N. 'Lilipons', schwächer bei N. 'Gonnère' und N. 'Perry's Fire Opal'.

Die Form der Blütenblätter ist ebenfalls sehr unterschiedlich. Sternförmige Blüten besitzen meist spitz auslaufende, schmale Blütenblätter, während bei kugelförmigen Züchtungen neben spitz auslaufenden Blütenblättern auch löffelförmige typisch sind.

Duft

Eine Seerose wächst nicht in Nasenhöhe und Sie sind weniger geneigt nach Duft zu suchen, als bei anderen, hohen Gartenstauden. Überraschenderweise sind jedoch einige Seerosen in der Lage, ihren Blütenduft an warmen, windstillen Sommertagen weit zu verbreiten. Unsere Nasen sind zwar unterschiedlich gut ausgeprägt, aber einige Sorten werden auch Sie im Duft wahrnehmen können. Besonders Odorata-Züchtungen können in dieser Hinsicht zusätzlich begeistern und auf sich aufmerksam machen. Der angenehme Anis-Duft von N. odorata-Züchtungen oder Zitrusdüfte bei einigen gelben Sorten bleiben selbst Rauchern nicht verborgen. Seerosensorten, die stark duften, sind auch meist fertil (fruchtbar) und bilden Samen.

Blütenschnitt

Eine schwimmende Seerose in einer Glasschale ist eine ausgefallene Tischdekoration. Wenn Sie

Mehr als 100 Blätter kann die Blüte von *N.* 'Gloire du Temple-sur-Lot' zeigen.

Blüten tropischer und winterharter Seerosen stehen hier zum Versand bereit.

dem Wasser etwas Zucker beimischen, halten die Blüten länger. Die Seerosenblüte wird am ersten Blütentag vormittags geschnitten. Man erkennt das Stadium der Blüte an den weit geöffneten Narbenzähnen. Auch in einer Vase zeigen die Seerosen ihr natürliches Öffnungsverhalten. Welche Sorten sich zum Blütenschnitt eignen, sollten Sie am besten selbst ausprobieren. Drei Tage klappt es bei vielen Sorten, vier bis fünf Tage Öffnung zeigen beispielhaft *N.* 'Fire Opal', *N.* 'James Brydon' und *N.* 'Peter Slocum'.

Es wird berichtet, dass die Versiegelung der Blütenscheibe mit Nagellack oder Kerzenwachs das Schließen der Blüte verhindert. Eigene Versuche zeigten nur unbefriedigende Ergebnisse. Ein anderer Hinweis sagt, die Seerosenblüte nach der natürlichen Öffnung am ersten Blütentag bei voller Öffnung zu schneiden und dann bis zum Abend dunkel zu stellen. Wird sie dann abends ins Licht gestellt, soll sich die Blüte öffnen und dann nicht mehr schließen. Eigene Versuche waren erfolglos. Die Seerosenblüte öffnete sich erst wieder am nächsten Morgen.

Das Seerosenblatt

Die Oberflächen eines Seerosenblatts versorgen das Rhizom über den Blattstiel mit dem notwendigen Sauerstoff. Die Blattstiele besitzen mehrere Luftkanäle. Einige Seerosensorten und viele Jungpflanzen bilden für die Winterzeit spezielle Unterwasserblätter. Diese so genannten „Salatblätter" versorgen das Rhizom in dieser kalten Jahreszeit mit Sauerstoff, den sie aus dem Wasser aufnehmen können. Bei genauer Beobachtung kann man feststellen, dass selbst die Blätter einer Sorte nicht immer gleich aussehen. Im Laufe des Wachstums und der Lebenszeit verändert das Blatt seine Farbe. Junge Blätter, die gerade die Wasseroberfläche erreichen, zeigen eine andere Färbung als ältere Schwimmblätter. Häufig wechselt die Blattfärbung von rötlich zu dunkelgrün. Nur wenige weiße Seerosensorten zeigen auch im Austrieb hellgrüne Schwimmblätter.

Neben den Blüten- und Rhizommerkmalen werden auch die Schwimmblätter (Ober- und Unterseite) zur Bestimmung einer Sorte herangezogen. Neben Farbunterschieden der Schwimmblätter sind insbesondere die Ausprägung der Blatteinschnitte und die Ausprägung der Blattlappenspitzen ein wichtiges Unterscheidungsmerkmal.

Die Blattränder winterharter Sorten sind im Unterschied zu tropischen Arten und Sorten linienförmig (nicht gezackt), können aber leicht gewellt sein.

Von der Ausprägung der Blatteinschnitte können Rückschlüsse auf die Blütenform gezogen werden. Danach bilden Sorten mit weit geöffneten Blatteinschnitten sternförmige Blüten mit schmalen Blütenblättern. Zu beobachten ist dies bei N. 'Arc-en-Ciel' oder N. 'Fritz Junge'.

Schwimmblätter mit einer Überdeckung der Blatteinschnitte lassen auf eine kugelförmige Blüte schließen. Beispiele hierfür sind N. 'Perry's Fire Opal' und N. 'James Brydon'.

Züchtungen, an denen *Nymphaea mexicana* beteiligt war, weisen Marmorierungen auf der Blattoberseite und auch auf der Blattunterseite auf. Deutliche Blattmusterungen machen Seerosen auch als Blattpflanze attraktiv. Blattfarbmuster findet man bei den Sorten N. 'Helvola', N. 'Colorado', N. 'Barbara Davies' und anderen gelb bis apricot blühenden Züchtungen. Einmalig sind die Schwimmblätter der Marliac-Züchtung N. 'Arc-en-Ciel'. Jedes Blatt besitzt ein anderes Muster.

Auch die Blattstiele der Seerosenblätter können unterschiedliche Farben, Querschnitte und sonstige Merkmale aufweisen.

Weitere Sortenmerkmale

Robustheit/Empfindlichkeit

Viele Sorten blühen von Jahr zu Jahr reicher. Sie vertragen Blatt- und Rhizombeschädigungen, öffnen ihre Blüten auch bei längeren Schlechtwetterperioden und breiten sich auch in kälteren Gewässern zügig aus. Solche Sorten stuft man als robust ein.

Nach strengen und langen Wintern treiben nicht alle Sorten gleich gut aus. Einige Sorten sind emp-

Die Blattteile mit Nomenklatur.

Blätter verschiedener Seerosen im Vergleich.

In halb beschatteten Lichtverhältnissen blühen noch N. 'James Brydon', N. 'Masaniello', N. 'Marliacea Rosea', N. 'Rosennymphe', N. 'Gladstoniana' und N. tetragona. Sie eignen sich besonders für Teiche, die durch bauliche Hindernisse oder Bäume und hohe Sträucher nicht genügend Licht erhalten.

findlich und lieben wärmeres Wasser. Insbesondere ältere kleine Marliac-Züchtungen mit marmorierten Blättern und Blüten im Farbton gelb/rosa sind für frostige und kalte Klimazonen weniger geeignet. Finden solche Sorten nicht die geeigneten Wasser- und Klimabedingungen vor, kümmern sie, erkranken und sterben sogar ab.

Neue gelbanteilige Zuchten, wie zum Beispiel N. 'Colorado' und N. 'Barbara Davies', überleben auch strenge Winter gut und zeigen eine frühe Blatt- und Blütenbildung.

Seerosen, die früh im Jahr Blätter und Blüten treiben, sind N. candida, N. 'Hever White' und N. 'Masaniello'.

Schattenverträglichkeit

Grundsätzlich lieben Seerosen das Sonnenlicht. Einige robuste Sorten begnügen sich auch mit ungünstigeren Lichtverhältnissen. Jedoch benötigen auch sie zur Blütenbildung mindestens vier bis fünf Stunden Sonnenbestrahlung am Tag. Im ständigen Schatten gedeiht keine Seerose gut.

Die Blattunterseiten verschiedener Seerosen können sich sehr stark unterscheiden.

Auch die Blütenstängel können sehr unterschiedlich sein, hier ein behaarter Stängel von N. 'Black Princess'.

Blüten robuster Seerosen öffnen sich auch bei Regen.

Ansprüche/Kulturbedingungen

Pflanzsubstrate

Als Pflanzerde empfiehlt sich lehmhaltiger, schwerer Gartenboden. Reinem Lehmboden sollten Sie etwas Sand beimischen, damit die Wurzeln des Rhizoms den Boden leichter erschließen können. Achten Sie bei Fertigmischungen aus dem Fachhandel auf einen hohen Lehmanteil. Nach meiner Erfahrung ist er in den bisherigen Fertigmischungen zu gering und es überwiegen Humusanteile. In jüngerer Zeit wurden verschiedene Versuche mit mineralischen Pflanzböden vorgenommen, die sich bei der Aufzucht von Jungpflanzen bewährt haben.

Ungeeignet ist dunkelbrauner Boden mit Humusanteilen, der zu Fäulnisbildung im Wasser führt und die Seerose schädigen kann. Außerdem bietet ein lockerer Boden den Wurzeln nicht genügend Halt. Denn bei Wind wirken über die Schwimmblätter starke Kräfte auf das Rhizom.

Eine Erdschichtdicke von ca. 25 cm reicht aus, um den Wurzeln genügend Halt zu geben. Kleinwüchsige Sorten können auch in 15 cm hohes Substrat gepflanzt werden, wenn genügend Fläche für die Wurzelausbreitung zur Verfügung steht.

Der lehmanteiligen Erde sollten Nährstoffe beigefügt werden, die eine gute Entwicklung der Seerosenwurzeln und des Rhizoms fördern. Hierzu bieten sich Hornspäne oder spezielle künstliche Düngemittel an.

Nährstoffversorgung/Düngung

In natürlicher Anpflanzung entsteht ein selbstständiger Nährstoffkreislauf für Seerosen. Das Rhizom kann sich ungehindert ausbreiten und die Wurzeln erschließen neues, nährstoffreiches Erdreich. Absterbende Pflanzenteile bilden am Gewässerboden eine Humusschicht und führen dem Wasser und dem Boden Nährstoffe zu.

Lehmanteilige Pflanzenerde in einer Wasserpflanzengärtnerei.

Im Pflanzcontainer ist die Situation anders. Das Erdreich und die Ausbreitungsmöglichkeiten sind begrenzt. Deshalb ist es notwendig, eine Düngung der Seerosen dann vorzunehmen, wenn die Blatt- und Blütenbildung nachlässt. Aber bitte mit Bedacht, denn bei einer zu starker Düngung können sich ungewollt Algen bilden.

Algen im Wasser erzeugen Trübungen und sind Anzeigeorganismen für einen hohen Nährstoffgehalt des Wassers.

Klares Wasser, mit einer Sichttiefe von 60 cm und mehr, ist nährstoffarm und lässt nur spärliches Pflanzenwachstum zu. Stark trübes Wasser mit deutlicher Algenbildung zeigt ein Überangebot an Nährstoffen im Wasser an. Die Seerosen wachsen prächtig, da sie durch die Algen nur gering behindert werden und die Nährstoffe im Wasser gut verwerten können. Aber der Gesamteindruck leidet, denn wer schaut schon gern in eine trübe, grüne Teichbrühe.

Es ist nicht immer einfach, ein Gleichgewicht im Gartenteich herzustellen, das eine ausreichende Nährstoffversorgung der Pflanzen sicherstellt, aber eine übermäßige Algenbildung verhindert.

Ist eine Düngung der Seerosen angesagt, dann sind Osmocote-Düngekegel eine gute Lösung. Die Kegel sind harzgebunden und werden zu Beginn der Vegetationsperiode (April/Mai) an den Austriebsspitzen der Seerosen ca. 20 cm tief in den Erdboden gedrückt. Die Nährstoffe lösen sich nur langsam auf und versorgen die Pflanze ca. neun Monate lang. Das reicht für eine Vegetationsperiode aus. Bei Jungpflanzen reicht ein Kegel, ältere Pflanzen mit vielen Triebspitzen können drei bis fünf Kegel verwerten.

Die harzgebundenen Düngekegel sind praktisch, aber leider nicht preiswert. Wer ein Tiefkühlfach besitzt, kann auch feine Hornspäne mit Wasser verdicken und sie in Eiswürfelbehältern einfrieren.

Die gefrorenen Hornspäne-Würfel werden dann in gleicher Weise und Dosierung wie die Düngekegel in die Pflanzerde der Seerosen gedrückt. Das ist die preiswertere Variante.

Grundsätzlich geht man davon aus, dass Seerosen die notwendigen Nährstoffe hauptsächlich über die Wurzeln im Pflanzboden aufnehmen. Dass die Schwimmblätter von Seerosen auch gelöste Nährstoffe aus dem Wasser verwerten können, ist bewiesen. Aber die Nährstoffanreicherung des Wassers fördert auch die Algenbildung im Gartenteich. Deshalb ist von einer Düngung der Seerosen mit Flüssigdüngern über das Gartenteichwasser abzuraten.

Wasserqualität

Die Seerose benötigt keine spezielle Wasserzusammensetzung zum Wachstum. Sie reagiert relativ tolerant auf unterschiedliche Wasserverhältnisse. Der pH-Wert des Wassers kann für sie zwischen 6 und 8 schwanken, wobei leicht saures Wasser (pH-Wert 6) für Seerosen besonders günstig ist. Auch übliche Härtegrade des Wassers (2 bis 10 Härtegrade) vertragen Seerosen gut.

Sie können Ihre Seerosen mit neutralem (härterem Leitungswasser) oder saurem (weichem Regenwasser) Wasser versorgen.

Saures Wasser zeigt meist niedrige Härtegrade und ist weniger fruchtbar. Es enthält weniger Nährstoffe und verhindert eine übermäßige Algenbildung im Teich. Aber Pflanzen brauchen auch Nährstoffe.

Im Handel sind Teststreifen erhältlich, mit denen Sie die chemischen Verhältnisse in Ihrem Gartenteich überprüfen können. Interessant sind pH-Wert, Gesamthärte und Nitratanteil. Die Handhabung der Tests ist einfach.

Eine Wasserenthärtung und pH-Wert-Verschiebung in den sauren Bereich gelingt durch die Einlagerung von Torfgebinden im Wasser. Eine Anhärtung des Wassers und pH-Verschiebung in den alkalischen Bereich wird mit Dolomit-Kalk vorgenommen, der in das Gartenteichwasser gestreut wird.

Der Nitratanteil zeigt an, wie viele Nährstoffe im Wasser vorhanden sind. Dieser Wert sollte nicht zu hoch sein (unter 25 mg/l), um eine übermäßige Algenbildung und Wassertrübung zu verhindern. Für einen natürlichen Nährstoffverbrauch im Wasser ist insbesondere ein großer Bestand an Unterwasserpflanzen wichtig.

Viele Gartenteichbesitzer finden es schön, wenn man in tiefes, klares Wasser blicken kann. Aber Vorsicht, denn es besteht dann die Gefahr, dass nicht mehr genügend Nährstoffe zum Pflanzenwachstum vorhanden sind. Gartenteiche ohne Filtertechnik sind nur im Winter und im kalten Frühjahr so klar, dass man 30 bis 40 cm tief sehen kann. Mit viel Technik können Sie für klare Verhältnisse sorgen, aber Sie sollten überlegen, ob dies notwendig und wichtig ist. Ein Schwimmbecken ohne Erdreich ist leichter klar zu halten als ein bepflanzter Teich. Ein gesunder Gartenteich hat Erde, Pflanzen, bildet einen Nährstoffkreislauf und hat deshalb im Normalfall kein völlig klares Wasser.

Wasserbewegung

Seerosen gedeihen auch in Flüssen mit einer geringen Strömungsgeschwindigkeit. Deshalb sind Pumpen und Wasserspiele, die für leichte Bewegung im Wasser sorgen, kein Problem für Seerosen. Die damit verbundene Sauerstoffanreicherung des Wassers wirkt sich im Gartenteich positiv aus. Wenn Wasserspiele die Blattoberfläche der Seerosenblätter benetzen oder überspülen, wird jedoch ihre Assimilierungsfunktion an der Blattoberfläche stark beeinträchtigt. Dauerhaft nasse Blätter erhöhen auch deutlich das Risiko einer Pilzinfektion. Deshalb sollten Wasserspiele ausreichenden Abstand zu Seerosen halten und deren Blätter nicht benetzen.

Wasserspiele gehören nicht in die Nähe von Seerosen.

Licht

Seerosen sind Sonnenkinder. Für eine gute Entwicklung und eine reiche Blüte benötigen sie möglichst viel Licht. Je mehr, desto besser, fünf Stunden jedoch sollten es mindestens sein. Eine intensive Sonneneinstrahlung sorgt auch für höhere Wassertemperaturen und beeinflusst die Vitalität der meisten Seerosen positiv.

Auswahl und Einkauf von Seerosen

Sie haben sich nun für eine oder mehrere Sorten entschieden, die für Ihre Gartenteichverhältnisse passend sind. Dabei haben Sie den Ausbreitungsdrang der Seerose, die Wassertiefe, die Farbe der Blüte und weitere spezielle Eigenschaften der Sorte berücksichtigt. Nun geht es an den Einkauf. Sie werden feststellen, dass Ihr Gartencenter die gewünschte Sorte nicht anbietet. Es kann Ihnen aber auch passieren, dass die dort angebotenen Seerosen gar keine Sortenangabe besitzen, sondern nur auf die spätere Farbe der Blüten hinweisen. Der günstige Preis und der schnelle Einkauf dieser Seerosen sind sicherlich sehr verlockend. Es sind keine schlechten Seerosen, die als „Seerose, rot, Wassertiefe 40 bis 80 cm" angeboten werden. Erfahrungsgemäß sind es jedoch sehr starkwüchsige Sorten, die sich leicht und schnell vermehren lassen. Daher der günstige Preis.

Der Weg zu einer Seerosengärtnerei oder eine frühzeitige Bestellung im Fachhandel lohnen sich. Sie finden hier meist die gesuchte Sorte. Wenn nicht, dann kann man sie Ihnen beschaffen. In Seerosengärtnereien treffen Sie auf Fachleute und können dann sicher sein, dass Sie die richtige, sortenechte Pflanze erhalten. Ausgefallene und seltene Sorten bestellt man im Winter. Sie werden als Sammelbestellung an die Seerosengärtnereien im Ausland weitergeleitet.

Lieferqualitäten (Containerware, Rhizomware)

Seerosen werden als Containerware (Seerosen, die in einen Behälter gepflanzt sind) oder als Rhizomware/Rohware (Wurzelstockteilstück ohne Erde) angeboten.

Containerware

Bei Containerware (Standard: 9 x 9 cm Container) sollte die Rhizomspitze möglichst kräftig und gesund ausgetrieben sein. Meist sind einige Wurzeln schon durch die Öffnungen im Containerboden hindurch gewachsen. Dies ist ein gutes Zeichen. Blattbeschädigungen oder abgeknickte Blattstiele der Schwimmblätter lassen sich beim Transport selten vermeiden. Wichtiger ist es, dass die Seerose gesunde, möglichst mehrere neue Blattaustriebe aufweist und nass gelagert und verpackt wird. Es ist ausreichend, wenn die nasse Ware zum Transport in einer wasserdichten Kunststofftüte verpackt wird, die dann luftdicht zugeknotet wird.

Einige Seerosengärtnereien bieten bei Abholung vor Ort auch bereits blühende Seerosen in 30 x 30 cm großen Pflanzcontainern an, die Sie dann nicht mehr umpflanzen, sondern nur noch in den Gartenteich einsetzen müssen.

Typisches Angebot in einer Gartenabteilung im Baumarkt – was Sie da aber bekommen, bleibt offen.

Rohware in guter Lieferqualität. Der Versand erfolgt feucht in geschlossenen Kunststoffbeuteln. Die Wurzeln werden eingekürzt und übermäßige Blattmasse wird entfernt.

Schlechte Erfahrungen werden Sie bei empfindlichen Sorten machen, die im Spätsommer/Herbst als Rhizomware geliefert werden. Die Seerosen können dann vor dem Winter nicht mehr genügend neue Wurzeln bilden, die Triebspitzen drohen zu verkümmern. Es besteht die Gefahr, dass die Pflanzen den Winter nicht überleben.

Seerosenrhizome lassen sich einfacher versenden, sollten aber nur bis Juli gepflanzt werden.

Rhizomware/Rohware

Vielfach erhalten Sie bei Bestellungen Rhizomware/Rohware. Diese Teilstücke des Wurzelstocks werden mit ein wenig Wasser oder nass in Kunststoffbeuteln verpackt, die dann verschlossen werden, damit keine Austrocknungsschäden entstehen können.

Rhizomware ist grundsätzlich kein Nachteil, denn das Teilstück ist meist kräftiger und größer. Wenn die Wurzeln vor dem Versand eingekürzt wurden, ist dies auch in Ordnung, denn alte und beschädigte Wurzeln werden sowieso bald absterben. Aber die alten Wurzeln werden erst einmal benötigt, um der Seerose bei der Pflanzung im Erdreich Halt zu geben, bis sich neue Wurzeln gebildet haben. Seerosenrhizome sind leichter als Wasser und schwimmen auf. Die helle Schnitt- oder Bruchstelle sollte mit Holzkohlepulver behandelt sein, damit das Eindringen von Keimen erschwert ist. Ein gesundes Rhizom fühlt sich hart an, stinkt nicht faulig und hat einen kräftigen Austrieb. Im Vergleich zur Containerware dauert das Einwachsen der Rhizomware jedoch länger.

Preise

Die „Königin der Wasserpflanzen" ist eine teure Staude. Alte Züchtungen und solche, die sich leicht vermehren lassen, kosten zwischen 10,- € und 20,- €. Neue Züchtungen aus dem Ausland und solche, die sich nur langsam vermehren lassen, können leicht das Doppelte und mehr kosten. Qualität hat ihren Preis, denn Qualitätssicherung kostet Zeit! Auch wachsen ja einige Seerosen langsamer als andere und werden daher schon deswegen teurer angeboten. Fragen Sie bei Bestellungen nach, welche Lieferqualitäten und Garantien angeboten werden. Gute Lieferanten geben gerne Auskunft und beschreiben ihre Leistung.

Reinigung und Quarantäne

Vor der Pflanzung sollten Sie Ihre Seerose erst in einem größeren Wasserbehälter lagern und genauer untersuchen. Auch dann, wenn es ein Ableger aus dem Gartenteich von nebenan ist. Denn über Seerosen tragen Sie sich schnell unliebsame Schnecken, Schädlinge oder sogar Fischlaich in einen Teich ein. Fischlaich finden Sie häufig um die Blattstiele herum, den Schneckenlaich als Klumpen meist unter den Schwimmblättern, aber auch an den Blatt- und Blütenstielen. Die Eier des Seerosen-Blattkäfers sind auf den Blattoberflächen zu finden.

Entfernen Sie lieber alles, was Ihnen „spanisch" vorkommt, auch Unterwasserpflanzen im Erdreich des Containers, wenn Sie diese nicht eindeutig zuordnen können. So verhindern Sie, dass sich in Ihrem Gartenteich plötzlich Wasserpest, Wasserlinsen oder andere Wasserpflanzen ungewollt ausbreiten können. Abgeknickte Schwimmblätter an der Seerose schneiden Sie am Wurzelstock ab. Sie sind kein Grund für eine Mängelanzeige und lassen sich beim Transport nicht verhindern.

Wer besonders vorsichtig ist und Sorge hat, sich über neue Seeroseneinkäufe die Keime der gefürchteten Seerosenfäule einzuschleppen, der setzt seine Neuerwerbung zur Beobachtung erst einmal in einen großen Wasserkübel. Hier ist nun auch eine Desinfektionsbehandlung möglich. Solche Vorsorge kann bei gelieferter Rhizomware aus dem Ausland besonders sinnvoll und nützlich sein.

Treibt die dann getopfte Seerose innerhalb der nächsten zwei Wochen neue, gesunde Schwimmblätter, die am Wurzelstock nicht abfaulen, dann ist die Sorte gesund. Nun kann eine Pflanzung im Gartenteich ohne Bedenken vorgenommen werden.

Wenn sich die Blätter stark überlappen, wird es Zeit die Pflanzen zu teilen.

Schneckenlaich unter einem Seerosenblatt.

Fischlaich an der Unterseite eines Seerosenblattes.

Tropische Seerosen haben oft stark gemusterte Blätter.

Pflanzung, Pflege, Krankheiten

Pflanzzeiten

Containerware

Containerware kann von Mitte April bis Ende August in den Gartenteich gesetzt oder gepflanzt werden. Da die Pflanze nur gering geschädigt ist, sind keine Anwachsprobleme zu erwarten. Zu dieser Zeit besteht auch noch die Möglichkeit, die Seerose an ihre geeignete Wassertiefe anzupassen. Vor dem Wintereinbruch ist die Seerose dann gut eingewachsen.

Bei später Pflanzung im Herbst kann es passieren, dass der starke Wind Ihre noch nicht eingewachsene Seerose aus dem Pflanzbehälter herauszieht. Kühle Wassertemperaturen oder ein früher Wintereinbruch verzögern eine erfolgreiche Anpflanzung.

Rhizomware/Rohware

Rhizomware sollte von Mai bis Juli gepflanzt werden. Für das Einwachsen ist sonniges Wetter besonders günstig, da dann die Blätter schnell erscheinen. Von einer Pflanzung im Spätsommer/Herbst rate ich bei Rhizomware ab, außer Sie besitzen ein Gewächshaus für die Überwinterung. Insbesondere neue amerikanische Sorten brauchen eine längere Anlaufphase und Eingewöhnung und werden im Frühjahr gepflanzt.

Die Anpflanzungsart von Seerosen (frei oder im Pflanzgefäß) richtet sich nach der Konzeption Ihres Gartenteichs. Naturnahe Teiche sind in allen Bereichen meist mit Bodengrund versehen. Architektonische Teiche mit geometrischen Formen weisen, wenn überhaupt, nur im Flachwasserbereich Erdreich auf. Die Seerosen werden im Kübel auf die Folie gesetzt.

Grundsätzlich sollten Sie bei jeder Pflanzung berücksichtigen, dass Sie früher oder später noch an den Wurzelstock Ihrer Seerose oder an den Pflanzbehälter herankommen müssen.

Frei ausgepflanzte Seerosen breiten sich in relativ kurzer Zeit stark über den Teich aus.

Freie Anpflanzung

Der flächig vorhandene Bodengrund in Ihrem Gartenteich sollte ca. 20 bis 25 cm hohes Erdreich aufweisen. Die Seerosen werden bei der Neuanlage kurz vor der Wasserfüllung des Gartenteichs eingepflanzt.

Seerosen, die bereits in ca. 30 x 30 cm großen Gitterkörben vorkultiviert wurden, können auch noch später nach der Wasserfüllung in das Erdsubstrat des Gartenteichs gesetzt werden. Eine kleine Mulde im Pflanzboden ist günstig. Der Gitterkorb stellt für die Ausbreitung im Pflanzboden kein großes Hindernis dar. Ihre Seerose wird den Korb überwuchern oder zerstören.

Ein Vorteil dieser natürlichen Anpflanzung ist es, dass sich die Art oder Sorte natürlich ausbreiten kann und eine Düngung selten notwendig ist. Sie können auch frühzeitig zahlreiche Ableger von der Seerose gewinnen. Der Nachteil einer freien Anpflanzung ist die ungehinderte Ausbreitungsmöglichkeit der Seerose. Eine Reduzierung der Seerose wird spätestens nach fünf Jahren notwendig, da in kleinen Gartenteichen die Proportionen an der Wasseroberfläche meist nicht mehr stimmen

Kübelpflanzung

Viele Gartenteiche sind so konzipiert, dass der Tiefwasserbereich keinen Bodengrund aufweist. Das Einbringen von Seerosen ist in Kübelpflanzung vorgesehen. Dies ist grundsätzlich kein Nachteil. Der Ausbreitungsdrang der Seerose wird hierdurch jedoch eingeschränkt und die Nährstoffversorgung ist auf die Dauer nicht gewährleistet. Durch Düngung können Sie diesem Problem aber entgegenwirken.

Für die Kübelpflanzung bieten sich spezielle Gitterkörbe, aber auch geschlossene Behälter an. Für kleine Seerosen reichen 10-20 Liter große Eimer, mittelstark wachsende Seerosen benötigen 60 bis 80 Liter große Maurerkübel. Nach ca. drei bis fünf Jahren haben die Seerosenrhizome den Kübel überwuchert oder zerstört. Dies ist dann der Zeitpunkt für eine Neupflanzung.

Anpassung an die Pflanztiefe

Nur selten erhalten sie so kräftige Seerosen im Container, dass Sie diese direkt in die gewünschte Wassertiefe einsetzen können.

Meist sind die Pflanzen noch klein und benötigen einige Monate zur optimalen Entwicklung. Insbesondere bei Pflanztiefen von mehr als 50 cm ist eine Anpassung notwendig.

Messen Sie die Länge der vorhandenen Schwimmblätter. Sie geben Ihnen Aufschluss darüber, aus

Kleiner Seerosenteich im Kübel.

Die frisch erworbene Seerose wird so eingestellt, dass die Blätter 10 cm unter der Wasseroberfläche sind.	24 Stunden nach der Absenkung haben hier die ersten Blätter die Wasseroberfläche wieder erreicht.	Nach vier Tagen schwimmen bereits alle größeren Blätter oben.	Nun folgt das Absenken 15 cm tiefer. Die Schwimmblätter sind untergetaucht.	Auch hier sind nach zwei Tagen die meisten Blätter bereits wieder an der Oberfläche.

welcher Wassertiefe der Seerosenableger entnommen wurde. Sie können Containerware nach der Umpflanzung in größere Behälter ohne Bedenken direkt 10–20 cm tiefer setzen. Alle Seerosenblätter sind dann untergetaucht. Bei schönem, sonnigem Wetter sind Seerosen in der Lage, ihre untergetauchten Schwimmblätter innerhalb weniger Tage der neuen Wassertiefe anzupassen. Die Blattstiele der Schwimmblätter wachsen schnell nach. Erreichen die Schwimmblätter nach drei bis sieben Tagen nicht die Wasseroberfläche, dann sollten Sie die Seerose jedoch höher platzieren.

Um einen Kübel der Pflanztiefe anzupassen, müssen Sie zeitweise einen Unterbau schaffen. Umgestülpte Kunststoffbehälter oder Steinaufbauten bieten sich hierzu an.

Haben sich mehrere Schwimmblätter Ihrer Seerose auf der Wasseroberfläche ausgebreitet, kann eine weitere Absenkung erfolgen.

Die Absenkungsschritte sollten bis Ende August abgeschlossen sein. Spätestens dann sollte die endgültige Wassertiefe erreicht sein. Spätere Absenkungen können dazu führen, dass sich die Seerose nicht mehr der Wassertiefe anpassen kann und verkümmert. Warten Sie dann lieber auf das kommende Jahr mit weiteren Absenkungsschritten.

Rhizomware sollte erst einmal in gleicher Wassertiefe oder flacher kultiviert werden. Erst nach ca. zwei Wochen haben sich neue Wurzeln und Schwimmblätter gebildet. Wenn Ihre Rhizomware für tieferes Wasser in freier Anpflanzung geplant ist, muss die Seerose erst einmal in einen größeren Gittercontainer gepflanzt und flacher gestellt werden.

In Gitterkörbe gepflanzt, können Sie die Seerosen später leicht und ohne weitere Umpflanzung in den Bodengrund absenken. Die Gitterkörbe werden überwuchert und die Seerose breitet sich dann im Bodengrund frei aus.

Grundsätzlich sollte man Seerosen nicht zu tief anpflanzen, wenn genügend Wasserfläche vorhanden ist. Nur bei den wenigen starkwüchsigen Sorten ist eine Wassertiefe unter 60 cm wirklich empfehlenswert. Denn je tiefer das Wasser ist, umso kälter ist es auch. Die niedrigen Wassertemperaturen behindern bei Seerosen eine frühzeitige Blatt- und Blütenbildung. Häufig wird die Anpassungsfähigkeit von Seerosen unterschätzt und die maximale Pflanztiefe als ideal angenommen.

Die Seerose im Jahresverlauf

Die winterharten Seerosen passen sich den unterschiedlichen klimatischen Bedingungen an. Nach einer Ruhephase im Winter treiben sie im Frühjahr neu aus. Ihr Aussehen verändert sich von Monat zu Monat, von Jahr zu Jahr.

Das Frühjahr

Wenn das Eis auf den Wasserflächen langsam abgetaut ist und die Wassertemperaturen 7 bis 10 Grad erreicht haben, beginnt für die Seerosen eine neue Vegetationsperiode.

In dieser Jahreszeit können Sie die letzten abgestorbenen, alten Pflanzenteile aus dem Vorjahr entfernen. Es ist meist Ende März/Anfang April, wenn die ersten Blatttriebe die Wasseroberfläche erreichen. Meist weisen die ersten Schwimmblätter Beschädigungen auf oder zeigen eine untypische Form. Hier haben Schnecken in der langen Winterphase ihre Fraßspuren an den Blatttrieben hinterlassen. Die noch stark schwankenden Wassertemperaturen behindern eine ideale Blattentfaltung in dieser Jahreszeit. Hagelkörner und Spätfröste können das Schwimmblatt zusätzlich beschädigen.

Ende April wird es Zeit, für eine ausreichende Nährstoffzufuhr der Seerosen zu sorgen. Dies ist immer dann notwendig, wenn Ihre Pflanzen in einem Container wurzeln. Das Erdreich ist begrenzt und damit sind es auch die Nährstoffe.

Die ersten Schwimmblätter im Frühjahr sind selten perfekt geformt.

Die jungen Schwimmblätter zeigen bei nahezu allen Sorten eine andere Farbe als das ausgewachsene Blatt. Einige Sorten zeigen im Frühjahr eine leichte Marmorierung des Blattes, die dann aber bald verblasst. Bei genauer Untersuchung frischer Austriebe entdecken Sie gallertartige Klumpen an den Blattstielen und an der Unterseite von Seerosenblättern. Es ist der Laich von Unterwasserschnecken und Fischen. Er schädigt die Pflanze nicht und kann toleriert werden.

Wenn sich vier bis sieben Schwimmblätter ausgebreitet haben, treibt die erste Blüte an die Was-

Links: Bereits Anfang Mai sind in einem nicht zu kalten Jahr reichlich Blätter vorhanden.

Rechts: *Nymphaea* 'Masaniello' Ende Mai – die Blattausbreitung ist auf dem ersten Höhepunkt.

seroberfläche. Es ist Mai, wenn die frühesten Seerosen ihre erste Blüte öffnen. Erfahrungsgemäß sind es weiße Arten oder Sorten, die die Blühsaison eröffnen. Bis auf wenige Ausnahmen haben gut eingewachsene Seerosen bis Ende Mai mindestens eine Blüte getrieben.

Die Blatt- und Blütenbildung ist von der Wassertemperatur abhängig.

Die erste Blüte des Jahres ist meist kleiner und auch die Form ist selten perfekt. Die Blütenblätter empfindlicher farbiger Sorten wirken zerknittert. Bei farbigen Sorten kann die erste Blüte im Mai auch eine untypische Farbe (Fehlfarbe) zeigen. Erst wenn die Wassertemperaturen 15 und mehr Grad erreicht haben, fühlen sich Seerosen wohl und entwickeln sich vollkommen.

Ab Mitte Mai beginnt auch die ideale Pflanzzeit für Seerosen. Neue Pflanzen sollten Sie bereits Anfang des Jahres bestellt haben.

Reduzierungen und Umpflanzungen von Seerosen sind bis Ende Juni besonders empfehlenswert. Auch Ableger können in dieser Zeit ideal gewonnen werden. Ab Anfang Mai sollte man ein Auge auf Blattschädlinge an Seerosen werfen und diese dann manuell entfernen.

Der Sommer

Dies ist die Hauptblütezeit der Seerosen. In dieser Jahreszeit zeigen sie ihre Vitalität und typische Blütenpracht. Blätter und Blüten treiben zahlreich aus.

Es heißt, dass Odorata-Züchtungen dann schneller neue Blütenknospen bilden, wenn man die abgestorbenen Blüten entfernt. Es ist richtig, dass eine Samenbildung die Pflanze Kraft kostet. Aber nur ganz wenige Sorten bilden überhaupt Fruchtknoten. Bei den meisten Seerosensorten verfaulen die Blüten sehr schnell und es ist unwahrscheinlich, dass dieser Vorgang die Pflanze stark schwächt.

Ab Ende Juli sterben die ersten frühen Schwimmblätter ab.

Das Blühverhalten von Seerosen ist stark von der Sonneneinstrahlung und den Temperatureinflüssen abhängig. An sehr warmen Tagen öffnen und schließen viele Sorten früher als sonst üblich.

Nur wenige Sorten sind an lauen Sommerabenden noch um 20 Uhr geöffnet. Wenn Sie eine Seerose mit langer Öffnungszeit der Blüte vor der Morgensonne im Osten schützen und der Lichteinfall nach Süden und Westen frei ist, haben Sie auch noch in den Abendstunden einen Blütenanblick.

Die meisten Seerosenblüten eignen sich auch als Schnittblume.

Ab Anfang Juli verfärben sich alte Schwimmblätter. Sie werden gelb und können vorsichtig abgeschnitten werden. Ein Seerosenblattleben dauert ca. drei Monate.

Der Herbst

Im September werden die Nächte kühl und die Wassertemperatur sinkt auf ca. 10 Grad ab. Die Vitalität der Seerosen lässt nach und damit auch die Blatt- und Blütenbildung. An fertilen Arten und Sorten platzen die Fruchtknoten auf und verbreiten die Samen auf der Wasseroberfläche.

Einige Seerosensorten zeigen eine ausgeprägte Blattverfärbung. Spätestens mit den ersten Nachtfrösten ab Ende Oktober sterben die Schwimmblätter ganz ab. Am Rhizom bilden sich neue Blatt- und Blütenansätze, die jedoch nicht mehr austreiben. Es ist die schlummernde Anlage für das kommende Jahr. Einige Seerosen bilden Unterwasserblätter für die Winterzeit.

Seerosensorten, die in ihrem Stammbaum tropisches Erbgut enthalten, verhalten sich anders. Dies sind Sorten, die eine gelbe oder farbähnliche Blütenfarbe zeigen und deren Schwimmblätter eine stärkere Farbmarmorierung aufweisen. Solche Seerosen sind meist noch in der vollen Blatt- und Blütentriebbildung, wenn die Wassertemperaturen auf unter 10 Grad sinken. Ihr Wachstum wird durch die niedrigen Wassertemperaturen abrupt gestoppt. Es sieht so aus, als würden sie von dem Kälteeinbruch unvorbereitet überrascht.

Beim Entfernen der absterbenden Schwimmblätter sollten Sie generell darauf achten, dass noch festsitzende Blätter nicht abgerissen, sondern abgeschnitten werden müssen. Das Rhizom darf nicht beschädigt oder aus dem Boden herausgerissen werden. Deshalb sollten Sie lieber nicht zu früh mit diesen Arbeiten beginnen oder scharfes Schneidwerkzeug einsetzen.

Die Kübel nicht ganz winterharter Sorten, wie zum Beispiel von *N.* 'Helvola', sollten vor dem Winterbeginn tiefer platziert werden, damit der Wurzelstock nicht einfrieren kann.

Der Winter

Die Seerose befindet sich nun in ihrer Ruhephase. Die Wassertemperaturen sind auf unter 5 Grad gesunken. Die meisten Seerosen haben sich von ihrer gesamten Blattmasse getrennt und sind nicht mehr sichtbar. Nur wenige Sorten bilden Unterwasserblätter. Für die Überwinterung benötigt die Seerose kein Licht. Der Schnee auf der Eisoberfläche sollte deshalb auch nicht entfernt werden, denn er verhindert als Isolationsschicht ein tiefes Durchfrieren des Wassers.

Wenn die Wassertemperaturen im März wieder 7 Grad überschreiten, beginnt ein neuer Vegetationszyklus.

Winterimpressionen.

Einige Seerosen zeigen ab Oktober eine schöne Blattverfärbung.

Schädlinge und Krankheiten

Allgemein ist die Seerose eine robuste Staude und nur wenige Schädlinge finden ihre kräftigen Pflanzenteile attraktiv. Seerosenblattkäfer (*Galerucella nymphaeae*) können ab Mai bis August zu Plagegeistern werden. Die Käfer fliegen ein und legen ihre Eier an der Blattoberseite der Seerosen ab. Bei genauem Hinschauen können Sie die hellen Gelege

immer andere Lebewesen im Gartenteich vernichtet werden.

Seerosenzünsler (*Nymphula nymphaeata*) können im Frühjahr auftreten. Dieses Insekt fliegt ein und ist erst dann zu bemerken, wenn seine Raupen an der Blattunterseite aktiv werden. Die Raupen schneiden aus den Seitenrändern der Seerosenblätter fingernagelgroße, ovale Stücke aus und formen sie zu einem Blattschiffchen.

1 So sehen die gefräßigen Larven des Seerosenblattkäfers aus.

2 Schadbild der Larven des Seerosenblattkäfers, hier an *Nymphaea* 'Froebeli'.

3 Die Raupe des Seerosenzünslers schneidet sich einen Kokon aus Seerosenblättern und treibt damit von Blatt zu Blatt.

4 Hier wurde der Kokon des Seerosenzünslers aufgeklappt und die Raupe freigelegt.

gut erkennen. Die sich entwickelnden Larven hinterlassen ausgiebige Fraßspuren auf den Seerosenblättern und schädigen sie erheblich.

Am sinnvollsten ist eine Zerstörung der Gelege und das Zerdrücken der Larven mit den Fingern. Der Einsatz von Pestiziden am Gartenteich sollte nur in Extremfällen vorgenommen werden, da auch

Bei einem Befall sollten Sie die Blattschiffchen mit den dazwischen liegenden Raupen vernichten und auch die Blattunterseiten Ihrer Seerose auf weitere Schiffchen absuchen. Die Bekämpfung ist auch mit *Bacillus thuringensis* von der Firma Neudorff möglich.

Der Seerosenzünsler kann auch andere Schwimmblattpflanzen befallen.

1 Die Raupe des Seerosenzünslers mit „Schiffchen" aus der Nähe.

2 Die große Spitzschlammschnecke vergreift sich nur an Seerosenblättern, wenn nicht genügend Algen zu finden sind

3 Schneckenlaich an Seerosenblättern schädigt die Pflanze nicht. Auch Egel sind im Gartenteich typisch. Die Schnecken im Bild sind Posthornschnecken, die von Algen leben.

4 Ab Ende Juli können verstärkt Blattläuse an Seerosen auftreten. In Freilandkultur ist dies kein großes Problem. Reinigen Sie die Blätter mit den Händen.

5 Mückenlarven nagen an den Blättern von Seerosenkeimlingen und Jungpflanzen und können bei massenhaftem Auftreten starke Schäden hinterlassen.

6 Typisches Schadbild für die Seerosenfäulnis. Hier ist *Nymphaea* 'Ellisiana' betroffen. Das Bild wurde im Juli aufgenommen und es ist fraglich, ob die Seerose nochmals gesund durchtreibt.

Schnecken sind unverzichtbar in jedem Gartenteich. Posthornschnecken und andere kleine Schneckenarten sind ein wichtiger Bestandteil im Nährstoffkreislauf eines Gartenteichs. Lediglich die Große Spitzschlammschnecke (*Lymnaea stagnalis*) findet Freude am Verzehr frischer Blattaustriebe von Seerosen und kann zu einem kleinen Problem werden. Gut eingewachsene Seerosen vertragen jedoch diese Blattbeschädigungen. Man sollte die Große Spitzschlammschnecke nur in Teichen mit viel Unterwasservegetation einsetzen. Mit Salatblättern können Sie unliebsame Schnecken anlocken und dann entfernen.

Blattläuse können zeitweise auch Seerosenblätter und deren Blütenteile befallen. Dies ist aber meist nur in Gewächshäusern ein Problem.

Mit einem scharfen Wasserstrahl aus dem Gartenschlauch können Sie diese Saft saugenden Plagegeister entfernen. Sie sind dann eine willkommene Mahlzeit für verschiedene Tiere, die ihre Beute an der Wasseroberfläche suchen. In Härtefällen spritzt man Speiseöl, mit Wasser zu einer Emulsion geschlagen, auf die befallenen Pflanzenteile. Dies bewirkt, dass die Läuse ersticken.

Zuck- und andere Mückenlarven schädigen nur bei großer Anzahl Seerosenkeimlinge und Jungpflanzen. Dieses Problem tritt jedoch nur in neu angelegten Gartenteichen oder kleinen Wassergefäßen auf, wo sich die Mückenbrut ohne Feinde massenhaft entwickeln kann.

Pilze und Bakterien, die Seerosen schädigen oder vernichten können, entstehen meist dann, wenn die Kulturbedingungen ungünstig sind und die Pflanze geschwächt ist. Einige Seerosensorten sind besonders anfällig. Meist trifft es kleinwüchsige Sorten, an deren Züchtung die gelbe *N. mexicana* beteiligt war. Aber auch beim Zukauf von Seerosen ist auf gesunde Pflanzen zu achten.

Schwimmblätter mit solchen Anzeichen von Blatterkrankungen sollten schnell entfernt werden.

Solche Blattflecken sind Anzeichen für eine Pilzerkrankung.

Seerosen-Knollenfäule und -Stängelfäule (zusammengefasst auch Kopffäule genannt) können ganze Seerosenbestände vernichten und sind ein Horror für jeden Seerosensammler.

Bei der Stängelfäule verfärben sich die Seerosenblätter frühzeitig gelb oder rötlich, biegen ihre Blattränder nach unten und treiben später mit den Blattstängeln an der Wasseroberfläche. Sie sind in Nähe des Rhizoms abgefault. Die Seerosen-Knollenfäule befällt das Rhizom. Es wird zerstört und stinkt dann auffallend. Auch hier vergilben die Blätter und ein weiterer Blattaustrieb bleibt aus.

Bei einem leichten Pilzbefall kann es sein, dass sich die Pflanze erholt und wieder durchtreibt. Aber das Risiko des Abwartens ist groß. Andere Seerosen können infiziert werden.

Pilze können auch Blattfleckenkrankheiten hervorrufen. Braune Flecken und dann entstehende Löcher sind ein Anzeichen für den Befall. Meist reicht es aus, die befallenen Blätter abzuschneiden und zu vernichten.

Wachstumsstörungen sind meist durch stark schwankende Wassertemperaturen bedingt. Sie treten im Frühjahr auf und behindern die typische Blattentwicklung. Aber auch eine lang andauernde Schlechtwetterperiode im Sommer zeigt Auswirkungen. Das Wachstum stagniert und die Blütenknospen öffnen sich nicht.

Erste Hilfe bei Pilz- oder Bakterienbefall

Sollten Sie trotz aller Vorsichtsmaßnahmen feststellen, dass Ihre Seerose an Knollen- oder Stängelfäule erkrankt ist, dann sollten sie schnell handeln. Die Seerose muss möglichst bald mit der Erde aus dem Gartenteich entfernt werden, damit sich die Erreger nicht auf andere Seerosen übertragen. In kleinen Teichen kann ein teilweiser Wasserwechsel die Gefahr einer weiteren Ansteckung verringern.

Wenn Sie Glück haben, können Sie von der befallenen Seerose noch gesunde Ableger gewinnen und diese mit einem Desinfektionsmittel behandeln.

Ein geläufiges Desinfektionsmittel ist Kaliumpermanganat (in der Apotheke erhältlich). Auf ca. 10 Liter Wasser kommt eine halbe Messerspitze Kaliumpermanganat. Das Wasser soll sich rosa (nicht lila) verfärben. Es findet eine Oxidation im Wasser statt, wodurch Bakterien abgetötet werden. Kaliumpermanganat wirkt im Wasser nur kurze Zeit. Durch die Oxidation entsteht Braunstein.

Vorsicht! Kaliumpermanganat verursacht in Verbindung mit Wasser auf Textilien und Haut starke Flecken. Bei der Anwendung Gummihandschuhe tragen und das Kaliumpermanganat vorsichtig und erst dann einsetzen, wenn die Seerose ohne Erde mit Blättern im Eimer eingetaucht ist. Fragen Sie in Ihrer Apotheke, ob noch andere Vorsichtsmaßnahmen bei der Anwendung zu beachten sind. Nach dieser Behandlung werden die Ableger in frische Erde gepflanzt und zur weiteren Beobachtung in einen separaten Wasserkübel gesetzt.

Hilfreich gegen Pilze und Bakterien im Wasser kann auch Hypochlorit sein. Wir kennen solche Chlorpräparate für die Desinfektion und Algenfreihaltung von Schwimmbecken. Sie erhalten solche Präparate beim Händler für Schwimmbadtechnikzubehör. Die Dosierung und die Sicherheitsbestimmungen auf der Verpackung sind zu beachten. Auf die Dauer ist Hypochlorit jedoch nicht im Gartenteich einsetzbar, da es auch die im Wasser lebenden Tiere vernichtet.

Grundsätzlich sollten Sie sich bei Pilz- oder Bakterienbefall fragen, ob das Pflanzsubstrat für die Seerose ideal war und ob die Seerosensorte für Ihre Klimabedingungen geeignet ist.

Wenn Sie robuste Sorten pflanzen und auf günstige Kulturbedingungen achten, ist ein Befall durch Pilze oder Bakterien selten. Die unterschiedliche Anfälligkeit der Seerosensorten ist in den Beschreibungen ersichtlich.

Reduzierung/Teilung

Die Seerose ist eine Staude, die in natürlicher Anpflanzung nicht zwingend geteilt werden muss. Durch ihr flach kriechendes Rhizom findet sie genügend Raum und Nährstoffe, um jahrzehntelang ungestört wachsen zu können. Ihre Vitalität und Blühfreudigkeit nimmt nicht ab.

Aber sie nimmt von Jahr zu Jahr mehr Platz in Anspruch. Also ist auch bei richtig gewählten Sorten nach ca. fünf bis sieben Jahren eine Reduzierung angesagt, weil die Proportionen zur Wasseroberfläche des Gartenteichs nicht mehr passen.

Bei Kübelanpflanzung ist der Nährstoffhaushalt nicht langfristig gesichert und Container werden nach einigen Jahren überwuchert.

Für Reduzierungsarbeiten sind April und Mai eine günstige Jahreszeit. Vorausgesetzt, sie kommen gut an Ihre Seerose heran, denn das Wasser ist dann meist erst 15 Grad kalt. Führen Sie diese Arbeiten an einem sonnigen Tag durch, auch Ihnen zuliebe.

Die Reduzierung/Teilung einer Seerose führt auch immer zu Ablegern, die Sie weiterverwenden können. Wenn Sie die Ableger benötigen, dann lassen sie diese nicht lange im Trockenen liegen. Die Blätter und Blattaustriebe welken sonst und die Pflanzen werden unnötig geschädigt. Besser ist es, die Seerosenableger in Wasserbehältern mit einer Rhizombeschwerung einzutauchen. Sie können sich dann für Ihre Arbeiten auch mehrere Tage Zeit lassen. Die Teilung ist bei Seerosensorten bisher die einzige Möglichkeit, sie sortenecht zu vermehren.

Zwei Seerosen (*N.* 'James Brydon' im Vordergrund und *N.* 'Maurice Laydeker' im Hintergrund) nähern sich in ihrer Ausbreitung und drohen ineinander zu wachsen. Eine Reduzierung ist angesagt.

Teilung einer frei angepflanzten Seerose

Bei der freien Anpflanzung hat sich das Rhizom nach Jahren stark in alle Richtungen verzweigt und ausgebreitet. Wir verzichten bei unseren Seerosen darauf, diese zur Teilung ganz aus dem Teich herauszunehmen, weil diese Empfehlung unrealistisch ist. Die Pflanze ist fest verwurzelt und die Nährstoffversorgung gesichert. 50 bis 100 Kilogramm Gewicht kommen bei einer gut eingewurzelten Pflanze mit Erdreich schnell zusammen. Also Vorsicht, wenn Sie die ganze Seerose zum Reduzieren aus dem Wasser ziehen oder heben wollen. Besser nicht, obwohl es oft so empfohlen wird. Man begnügt sich damit, die Rhizomteile auf einer Seite der Pflanze im Bodengrund zu entfernen.

Ausgehend von der Triebspitze verfolgen Sie das Rhizom und legen es mit den Händen etwas frei. Sie brechen oder schneiden Stück für Stück Teile ab und ziehen diese mit ihren Wurzeln aus dem Boden heraus. Da das Wasser durch die Arbeiten schnell trüb wird, müssen Sie sich bald auf ihr Handgefühl verlassen.

Die Wurzeln von Seerosen sind lang und stabil. Wenn man Kraft sparen möchte, kann man auch vorsichtig mit einem Messer arbeiten und die Wurzeln unter dem Rhizom abtrennen. Für Ableger ist es jedoch von Vorteil, wenn die Wurzeln der Triebspitzen und Seitentriebe nicht ganz abgeschnitten werden.

So entfernen Sie junge Teile mit Triebspitzen, die man als Ableger weiter verwenden kann. Alte Rhizomstücke ohne Austriebsspitzen sind nicht mehr verwendbar und wandern auf den Kompost.

Diese Arbeiten nimmt man bewusst nur auf einer Seite der Pflanze vor. Würden Sie die jungen Triebe auf allen Seiten entfernen, dann laufen Sie Gefahr, dass die Seerose nicht mehr austreibt und abstirbt.

Durch diese Methode verändert sich zwar das Zentrum der Pflanze, aber dies kann man ja bei der nächsten Reduzierung in einigen Jahren korrigieren, indem man Rhizomteile auf einer anderen Seite der Seerose entfernt. Da man die Trenn- bzw. Schnittstellen am Rhizom unter Wasser nicht mit Kohlepulver behandeln kann, besteht die Gefahr, dass Keime in den Wurzelstock eindringen können.

Links:
Die Triebspitze von *Nymphaea* 'James Brydon' ist freigelegt und wird nun mit einem 10-15 cm großen Teilstück des Rhizoms abgebrochen.

Rechts: Hier sehen Sie zwei abgebrochene Triebspitzen, die nun als Ableger bei Bedarf neu gepflanzt werden können.

Nach der Reduzierung zeigen die beiden Seerosen nun wieder Abstand.

Aber diese Gefahr besteht bei jeder Verletzung des Wurzelstocks.

Zudem ist die Jahreszeit Ende April bis Ende Mai für solche Arbeiten günstig. Die Seerosen sind in ihrer starken Wachstumsphase und weniger anfällig für Infektionen.

Neupflanzung einer Seerose bei Kübelpflanzung

Der notwendige Zeitpunkt der Teilung/Neupflanzung ist dann gekommen, wenn Rhizomtriebe den Pflanzkübel überwuchert haben und sich die Wurzeln der Seerosentriebe nicht mehr im Bodengrund verankern können.

Jetzt ist eine Neupflanzung zu empfehlen. Hier gilt es, den Kübel aus dem Wasser zu heben (Achtung, Rücken!) und die jungen Triebspitzen mit einem ca. 20 cm langen Rhizomstück abzutrennen.

Der Rest des Rhizoms ist meist nicht mehr zu verwenden.

Häufig sind die Kübel deformiert und beschädigt, so dass man einen neuen Pflanzbehälter verwenden sollte. Nun steht eine Neupflanzung im frischen Erdsubstrat an. Bevor ein bis drei Triebspitzen wieder eingepflanzt werden, sollten die Schnittstellen der Ableger mit Kohlepulver behandelt werden.

Viele Gartenteichbesitzer scheuen sich, ihren Folienteich zu betreten, weil sie Sorge haben, die Folie zu beschädigen.

Normalerweise ist dies aber bei Folien ab 1 mm Stärke und fachgerechter Untergrundbehandlung kein Problem. Teichfolien können jedoch sehr rutschig werden! Bei Folien in 0,5 mm Dicke würde ich Begehungen möglichst vermeiden, wenn kein dickes Schutzvlies die Folie zum Erdreich hin sichert. Luftmatratzen oder lange Leitern können als Arbeitsplattform oder als Brücken hilfreich sein.

1 Eine getopfte Seerose soll in einen größeren Behälter gepflanzt werden. Gitterkörbe, aber auch geschlossene Gefäße sind als Pflanzgefäße geeignet.

2 Das Erdreich wird locker in den Pflanzbehälter eingebracht. Danach wird die Seerose angehoben und in die richtige Position gezogen. Nun wird das Pflanzsubstrat angedrückt, nachgefüllt und stark verfestigt.

3 Bei der Pflanzung muss die Triebspitze der Seerose auf einer Ebene mit dem Erdreich liegen. Kleinkörnige Kiesabdeckung auf dem Erdreich dient der Optik und verhindert stärkere Wassertrübungen beim Einsetzen der Seerose. Bei richtigem Pflanzsubstrat kann man auch darauf verzichten.

Entfernen einer frei angepflanzten Seerose

Sie stellen fest, dass es die falsche Sorte ist. Falsch, weil nach kurzer Zeit kein Wasser mehr in Ihrem Gartenteich zu sehen ist. Oder die Sorte gefällt Ihnen nicht mehr. Es folgt der Radikalschlag! Dies ist bei freier Anpflanzung eine sehr anstrengende Arbeit, denn Sie müssen den gesamten Wurzelstock mit allen Teiltrieben aus dem Erdreich entfernen. Je länger Sie damit warten, umso schwerer wird es.

Arbeiten Sie mit einem langen Holzhebel, den Sie unter den Wurzelstock der Seerose in das Erdreich drücken. Gehen Sie dabei vorsichtig vor, damit die Teichfolie nicht beschädigt wird. Den Hebel setzen Sie möglichst von mehreren Seiten her ein. Als Auflage für Ihren Hebel verwenden sie große, gestapelte Steine oder bei kleinen Teichen den Teichrand. Wenn Sie Glück haben, dann hebeln Sie die gesam-

Für diese Arbeiten sollten Sie Handschuhe tragen, denn die Pigmente des Wurzelstocks färben die Hände dunkel. Die Farbstoffe sind sehr schlecht zu entfernen.

te Seerose mit Erde bereits nach wenigen Versuchen aus verschiedenen Richtungen aus dem Gartenteich heraus.

Die Seerose schwimmt soweit auf, dass die Teiltriebe sichtbar werden. Ist das Wasser wieder klar geworden, kann der Wurzelstock zerschnitten und in tragbaren Stücken entsorgt werden.

Was ist noch machbar?

Man kann mit einem Spaten die Seerosenwurzeln von allen Seiten unterhalb des Rhizoms durchtrennen. Aber ein falscher Spateneinsatz, und Ihre Teichabdichtung kann beschädigt werden. Also eine Methode für Kenner!

Arbeitsmittel/Werkzeuge

Zur Arbeit am Wurzelstock sind dringend Gummihandschuhe zu empfehlen! Denn die Farbpigmente des Wurzelstocks sind intensiv und färben die Hände violett bis schwarz.

Beachten sie Ihre Teichabdichtung. Messer und andere Schneidwerkzeuge können bei der Arbeit sehr hilfreich sein, wenn sie vorsichtig eingesetzt werden und die Abdichtung nicht beschädigt wird.

Hier wird zum Entfernen der Seerose ein langer Holzhebel unter den Wurzelstock gedrückt.

Hier wird der Wurzelstock mit einem Messer in Stücke geschnitten.

Nymphaea 'Black Princess'.

Diese Teichlandschaft wurde mit höheren Wasserstauden interessant gestaltet.

Gestalten mit Seerosen

Ästhetische Empfehlungen

Zwei Drittel der Wasseroberfläche eines Gartenteichs sollten immer sichtbar bleiben. Bei kleinen Gartenteichen mit 3 bis 6 m² Oberfläche ist eine schwach wachsende Seerose mit Begleitpflanzen sinnvoll. Stark wachsende Sorten benötigen eine Wasserfläche von mindestens 12 bis 15 m².

Nach der Regel des „Goldenen Schnitts" setzt man eine einzelne Seerose nicht genau in die Mitte des Gartenteichs ein, sondern man pflanzt sie etwa im Verhältnis 3 zu 5 versetzt. Dieses Verhältnis wirkt für das Auge besonders harmonisch und erleichtert auch notwendige Pflegearbeiten.

Bei der Anpflanzung mehrerer Seerosen wählt man drei oder fünf Stück (ungerade Zahl) und achtet auf eine unsymmetrische Verteilung. Anpflanzungen in Linie wirken auch in architektonischen, geometrisch geformten Teichen eher steif und unpassend. Strenge Teichformen werden durch eine zufällige Anpflanzung aufgelöst.

Bei der Pflanzung mehrerer Seerosensorten sollten diese einen ausreichenden Abstand aufweisen. Wird die Seerose später ca. 2 m² Wasserfläche bedecken, dann sollten Sie mindestens drei Meter Abstand für die nächste Sorte als Standplatz einplanen. Seerosen wirken am besten, wenn sie pflanzliche Inseln bilden.

Die flachen Strukturen mehrerer Seerosen können durch höher wachsende Wasserpflanzen unterbrochen werden. Hierdurch entstehen schöne Kontraste auf der Wasseroberfläche. Auch viele Wasserstauden können in Kübel gepflanzt werden.

In naturnahe oder naturgestaltete Wassergärten mit organischen Formen passen besonders einheimische weiße Seerosenarten oder weiße Züchtungen mit sternförmigen Blüten. Rote Sorten mit gefüllten Blüten oder Sorten mit marmorierten Blättern wirken in architektonisch angelegten Teichen besser.

Drei Seerosen in guter Anordnung. Sie bilden Inseln.

In Farbe und Form besonders auffallende Seerosen benötigen viel Abstand, damit die Schönheit auch wirken kann und voll zur Geltung kommt. Sie betonen Ihre Supersorte durch viel Wasser und blütenloses Grün in der Nachbarschaft und im Hintergrund. Oder der Hintergrund ist farblich dezent auf die Blütenfarbe der Seerose abgestimmt.

Kleine Teiche benötigen eine niedrige Randbepflanzung, die den Lichteinfall auf die Seerosen nicht beeinträchtigt. Der nasse Uferbereich und das Umfeld sollten den Proportionen ihres Gartenteichs angepasst sein. Ein Rhododendron, Bambus oder Wasserdost mit ca. zwei Metern Höhe passt nur zu großen Teichanlagen oder bei kleinen Teichen weit abseits in den Hintergrund.

Blütenfarben passend kombinieren

Wenn Sie einen Gartenteich mit Seerosen planen, sollten Sie die Farben der Seerosensorten untereinander und mit dem Teichumfeld abstimmen. Sie können Farben nach Gefühl und Intuition kom-

binieren oder sich der Erkenntnisse der Farblehre bedienen.

Weiß und Schwarz sind keine Farben. Weiß lässt sich nahezu mit allen Farben kombinieren oder trennt zwei unharmonisch wirkende Farben.

Beispiele für typische Farbkombinationen

Eine gelbe Seerose kombiniert mit blau blühendem Hechtkraut sieht gut aus, weil Gelb und Blau Komplementärfarben sind. Dies gilt auch für eine weiße Seerose in dieser Kombination. Weiß passt immer und bildet hier mit Blau einen starken Hell-Dunkel-Kontrast.

Im Anzuchtteich braucht auf Anordnung und Farbwahl nicht geachtet zu werden.

Weiße, rosa und rote Seerosensorten harmonieren in der Blütenfarbe ideal miteinander.

Eine rosa Seerose kann sehr gut mit roten und weißen Sorten kombiniert werden. Es sind ähnliche Töne, die sich nur in der Helligkeit unterscheiden. Diese Farben wirken auch in beliebiger Zweierkombination harmonisch.

Hier wurde eine gelbe Seerose mit der gelb blühenden Seekanne kombiniert. Eine schöne Ton-in-Ton-Kombination.

Seerosen mit hellen, sternförmigen Blüten passen besonders gut in Teiche mit Naturcharakter.

Beispiele für unharmonische Farbkombinationen

Eine gelbe Seerose und eine rosafarbene passen farblich nicht gut zueinander. Es fehlt der Hell-Dunkel-Kontrast und der blaugrüne dritte Partner als Komplementär.

Eine gelbe Seerose mit einer roten kombiniert, sucht den orangefarbenen dritten Partner oder kräftiges komplementäres Blau.

N. 'Rosennymphe' ist eine beliebte Sorte, die von Rosa zu Weiß wechselt.

Sortenbeschreibungen

Auswahl, Darstellung und Beschreibung

Die Angaben und Bilder zu den Seerosensorten beziehen sich auf die Erfahrungen der Autoren oder Erfahrungen von Seerosenfreunden in Deutschland. Insbesondere Werner Wallner und auch Christian Meyer haben mit ihrem Wissen und guten Seerosenbildern hierzu beigetragen (siehe Bildnachweis).

Robuste winterharte Seerosen passen sich unterschiedlichen Klimabedingungen an. Ihre Eigenschaften sind stark von der Nährstoffversorgung, den Licht- und Temperatureinflüssen abhängig. Deshalb ist es nur verständlich, dass es an anderen Standorten zu abweichenden Beobachtungen kommen kann. Bei der Beschreibung werden deshalb häufig Zirkaangaben verwendet.

Die gezeigten und beurteilten Seerosen stammen aus Anpflanzungen in Deutschland oder Europa. Wir finden dies wichtig, um eine Seerose im mitteleuropäischen Klima realistisch einschätzen zu können. Viele Aufnahmen der in diesem Buch gezeigten Seerosen wurden in den Seerosenteichen in Walderbach (nahe Regensburg) gemacht. Dort sind in zahlreichen Teichen ca. 170 unterschiedliche Seerosensorten angepflanzt, die als Sichtungsanpflanzung der „Gesellschaft der Wassergartenfreunde e.V." einen Einblick in das winterharte Sortenspektrum geben. Die Gartenteiche in Walderbach besitzen ein sehr reiches (untypisches) Nährstoffangebot und die Blattbildung und Vitalität der Seerosen ist hier extrem stark. Auf einigen Bildern zu den Sortenbeschreibungen kann man dies erkennen.

Seerosen sind Stauden, die sinnliche Eindrücke vermitteln sollen. In intensiver Kultur ohne Schädlingsbekämpfung sind die Seerosenblätter und Seerosenblüten jedoch oftmals beschädigt, von Insekten heimgesucht und für ein Foto nicht perfekt herzurichten.

Dieses Bild zeigt *Nymphaea* 'Holla' zur blauen Stunde um 18.00 Uhr. Das Bild wurde farblich nicht verändert, ist aber trotzdem nicht realistisch mit den vielen Violett-Anteilen.

Bei den Aufnahmen zu diesem Buch war es nicht immer möglich, die Blüte einer Seerosensorte optimal darzustellen. Manche Seerosen waren nur aus zwei bis drei Metern Entfernung in der Seitenansicht zu fotografieren.

Erstmalig werden in diesem Buch auch Qualitätsurteile zu den Seerosensorten abgegeben. Neben den Autoren haben mehrere Fachleute zur Bewertung beigetragen. Es ist eine schwierige Aufgabe, Seerosen objektiv zu beurteilen, was sicherlich nie perfekt zu lösen ist. Einige Seerosensorten, insbesondere Neuzüchtungen ab 1990, sind erst vereinzelt und kurzzeitig im deutschen Handel und können nur mit Einschränkungen ehrlich bewertet werden. Abhängig von den klimatischen Verhältnissen können bessere oder schlechtere persönliche Erfahrungen bei Seerosensorten durchaus möglich sein. Benutzen Sie daher die Bewertungsurteile als Richtlinie oder grobes Orientierungsmuster. Bei sehr neuen Sorten mit noch sehr geringer Erfahrung in unserem Klima ist auf eine Beurteilung verzichtet worden. Das bedeutet nicht, dass dies „schlechte Seerosen" sind, sondern die bisherigen Kenntnisse der Autoren reichten nicht aus, um ein Urteil abgeben zu können. Einige dieser „ohne Angabe" versehenen Sorten können ein Highlight in Ihrem Gartenteich sein.

Die meisten Aufnahmen in diesem Buch sind digital aufgenommene Bilder. Sie wurden in ihrer Farbdarstellung nicht bewusst verfälscht. Abhängig von der Tageszeit der Aufnahme ist bei einigen Bildern die Helligkeit und/oder der Kontrast leicht korrigiert worden, um möglichst objektive Farben und realistische Eindrücke der Seerosen wiedergeben zu können. Abhängig vom Lichteinfall und der Tageszeit kann eine Seerose jedoch sehr unterschiedlich dargestellt werden und auch ohne Bildbearbeitung irritierend für den Betrachter wirken.

Zu den Bildern haben verschiedene Fotografen mit unterschiedlichen Kameras beigetragen, was zu unterschiedlichen Farbbalancen und Qualitäten führt. Als Gegenleistung bietet dieses Buch ein bisher einmaliges Spektrum an bebilderten winterharten Seerosenbeschreibungen.

Bei der Beschreibung der dargestellten Seerosen wurde zusätzlich Wert darauf gelegt, die Verfügbarkeit/Beschaffbarkeit einer Seerose anzugeben. Seerosenbetriebe und Lieferanten von Seerosen finden Sie im Anhang.

Die hier dargestellten und beschriebenen Seerosen sind eine Auswahl. Es ist unmöglich, alle der ca. 500 bekannten winterharten Seerosenarten und Züchtungen zu kennen und zu erproben. Jährlich kommen zahlreiche Neuzüchtungen hinzu. Einen einzigartigen Überblick über gelistete Seerosen bietet Kit Knotts auf ihrer Website **www.victoria-adventure.org**.

Sortenechtheit/Sortenbestimmung

Sortenechtheit ist bei Seerosen ein besonders heikles Thema. Viele Seerosen ähneln sich sehr stark und vereinzelt wurden von Latour-Marliac dieselben Sorten mit unterschiedlichen Bezeichnungen vermarktet. Teilweise wurden Sorten nach ihrer Einführung auch umbenannt oder es kam zu unbeabsichtigten Verwechslungen.

Die Sortenechtheit bei Seerosen ist aber auch ein Problem bei neuen Züchtungen. Von der sehr aktuellen Sorte N. 'Peaches and Cream' besitzen die Autoren mehrere Pflanzen, die sich jedoch unter gleichen Kulturbedingungen sehr unterschiedlich zeigen und nicht identisch sind.

Unser Rat: Seien Sie bei Sonderangeboten von seltenen, ausgefallenen und neuen Seerosen skeptisch! Echte Ware hat ihren Preis.

Sorten

N. 'Pattern Ruby' ist die erste Seerose mit gemusterten Blütenblättern.

Nymphaea 'Alba Plenissima'

Züchter:	unbekannt
Vermutete Zuchteltern:	unbekannt
Blütenfarbe:	milchig weiß
Blütenform:	sternförmig
Stand der Blüte:	schwimmend
Öffnungszeit der Blüte:	ca. 10 bis 18 Uhr und länger
Blattoberseite:	Blattform rund, Blatteinschnitt leicht geöffnet bis leicht überdeckt, ausgeprägte Lappenspitzen, Blattfarbe grün
Blattunterseite:	hellgrün
Besonderheiten:	fruchtende Seerose, die häufig für Züchtungen verwendet wird

 40-50-60 cm 18-20 cm
 mittel robust
 ab 6 m²   schwierig
 10-12 einige
 5-9 gut

Nymphaea 'Albatros'

Züchter:	Latour-Marliac 1910
Vermutete Zuchteltern:	unbekannt
Blütenfarbe:	milchig weiß
Blütenform:	kelch-, schalenförmig
Stand der Blüte:	schwimmend bis knapp über dem Wasser
Öffnungszeit der Blüte:	normal, ca. 10 bis 18 Uhr
Blattoberseite:	Blattform rund, Blatteinschnitt weit geöffnet, kleine Lappenspitzen, Blattfarbe grün
Blattunterseite:	grün
Besonderheiten:	duftend

 30-40-60 cm ca. 20 cm
 mittel robust

 ab 6 m² mittel
 ca. 10 wenige

 5-9 normal-gut

Nymphaea 'Alibaba'

30-40-60 cm | 18-22 cm

mittel | gesund

ab 6 m² | einfach

12-14 | ab ca. 2007

5-9 | ohne Angabe

Züchter:	Bechthold 1999
Vermutete Zuchteltern:	N. 'Fritz Junge' x N. 'William Falconer'
Blütenfarbe:	rosa-karmin
Blütenform:	sternförmig
Stand der Blüte:	schwimmend
Öffnungszeit der Blüte:	ca. 10 bis 18 Uhr
Blattoberseite:	Blattform rund, Blatteinschnitt weit geöffnet, deutliche Lappenspitzen, Blattaustrieb rötlich, altes Blatt grün
Blattunterseite:	grünrötlich gefärbt
Besonderheiten:	dunkler und reichblütiger als N. 'Fritz Junge', unfruchtbar

Nymphaea 'Almost Black'

30-40-60 cm | ca. 20 cm

mittel | gesund

ab 6 m² | einfach

ca.12 cm | wenige

6-9 | gut

Züchter:	Slocum 1994
Vermutete Zuchteltern:	N. 'Perry's Fire Opal' x N. 'Blue Beauty' (tropisch)
Blütenfarbe:	sehr dunkles Rot
Blütenform:	tassen-, schalenförmig
Stand der Blüte:	schwimmend
Öffnungszeit der Blüte:	normal, ca. 10 bis 18 Uhr
Blattoberseite:	Blattform rund, Blatteinschnitt teilweise überdeckt, Blattaustrieb rötlich, altes Blatt dunkelgrün
Blattunterseite:	rötlich gefärbt mit grünen Blattnerven
Besonderheiten:	sehr dunkle Seerose, bei sehr intensiver Sonneneinstrahlung in heißen Regionen (USA) können die dunklen Blüten leiden!

Nymphaea 'Amabilis' Syn. Nymphaea 'Pink Marvel'

Züchter:	Gärtnerei Latour-Marliac 1921
Vermutete Zuchteltern:	unbekannt
Blütenfarbe:	helles Rosa
Blütenform:	sternförmig
Stand der Blüte:	schwimmend
Öffnungszeit der Blüte:	lange Öffnungszeit, ca. 10 bis 20 Uhr
Blattoberseite:	Blattform oval, Blatteinschnitt weit geöffnet, deutliche Lappenspitzen, Blattfarbe grün
Blattunterseite:	hellgrün
Besonderheiten:	gute Standardsorte für größere Teiche

 50-60-80 cm 22-25 cm
 stark — robust
 ab 12 m² — mittel
 ca. 16 cm — einige
 6-9 — gut

Nymphaea 'American Star'

Züchter:	Slocum 1985
Vermutete Zuchteltern:	Zufallssämling aus N. 'Rose Arey'
Blütenfarbe:	helles Rosa
Blütenform:	strahlenförmig
Stand der Blüte:	über dem Wasser stehend
Öffnungszeit der Blüte:	normal, ca. 10 bis 18 Uhr
Blattoberseite:	Blattform rund, Blatteinschnitt geöffnet, Blattaustrieb rötlich, altes Blatt grün
Blattunterseite:	rötlich gefärbt
Besonderheiten:	sehr interessante und seltene Blütenform, nur bei sonnigem Wetter perfekt geformte Blütenblätter

 40-50-60 cm ca. 25 cm
 mittel gesund
 ab 9 m² einfach
 14-16 cm wenige
 6-9 gut

Nymphaea 'Andreana'

25-30-40 cm

12-14 cm

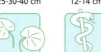
mittel / gesund

ab 3 m² / mittel

8-10 cm / wenige

5-9 / gut

Züchter:	Latour-Marliac 1895
Vermutete Zuchteltern:	*Nymphaea alba* var. *rubra* x *N. mexicana*
Blütenfarbe:	orangerot, kupferfarbiges Rot
Blütenform:	kugel- bis tassenförmig
Stand der Blüte:	knapp über dem Wasser
Öffnungszeit der Blüte:	normal, ca. 10 bis 18 Uhr
Blattoberseite:	Blattform oval, Blatteinschnitt geöffnet, keine Lappenspitzen, Blattaustrieb braunrot mit intensivem Muster, altes Blatt grün mit Muster
Blattunterseite:	rötlich mit braunem Punktemuster
Besonderheiten:	gesunde und unempfindliche kleinere Seerose

Nymphaea 'Anna Epple'

40-50-60 cm

24-28 cm

mittel / gesund

ab 9 m² / mittel

ca. 10 cm / einige

6-9 / normal

Züchter:	Epple 1970
Vermutete Zuchteltern:	unbekannt
Blütenfarbe:	helles Rosa
Blütenform:	tassenförmig
Stand der Blüte:	knapp über dem Wasser
Öffnungszeit der Blüte:	normal, ca. 10 bis 18 Uhr
Blattoberseite:	Blattform rund, Blatteinschnitt geöffnet, deutliche Lappenspitzen, Blattaustrieb rötlich-grün, altes Blatt hellgrün
Blattunterseite:	grün mit einem rötlichen Anflug
Besonderheiten:	in Deutschland weit verbreitete Sorte

Nymphaea 'Apple Blossom Pink'

Züchter:	Slocum 1988
Vermutete Zuchteltern:	Zufallssämling aus N. 'Perry's Pink'
Blütenfarbe:	helles, zartes Rosa, Blütenbasis intensiver gefärbt
Blütenform:	ähnlich einer Päonie (Pfingstrose), rund
Stand der Blüte:	schwimmend
Öffnungszeit der Blüte:	normal, ca. 10 bis 18 Uhr
Blattoberseite:	Blattform rund, Blatteinschnitt weit geöffnet, Lappenspitzen wenig ausgeprägt, hellgrün
Blattunterseite:	rötlich bis bräunlich
Besonderheiten:	neue Sorte in interessanter Farbe und Blütenform, blütenreich

 40-45-50 cm ca. 24 cm
 mittel gesund
 ab 9 m² einfach
 14-16 cm wenige
 5-9 gut

Nymphaea 'Arc-en-Ciel'

Züchter:	Latour-Marlic 1901
Vermutete Zuchteltern:	unbekannt
Blütenfarbe:	hellrosa zu Weiß wechselnd
Blütenform:	strahlenförmig
Stand der Blüte:	schwimmend, im Hochsommer über dem Wasser stehend
Öffnungszeit der Blüte:	normal, ca. 10 bis 18 Uhr
Blattoberseite:	Blattform rund, Blatteinschnitt weit geöffnet, deutliche Lappenspitzen, Blattaustrieb rötlich mit markantem rosa Muster, altes Blatt grün mit weißem Muster
Blattunterseite:	rötlich gefärbt
Besonderheiten:	einmaliges Blattmuster, ausgefallene Sorte mit einer strahlenförmigen Blüte, fertile Sorte mit leichtem Duft, liebt wärmeres Wasser

 25-35-50 cm 18-22 cm
 mittel-stark gesund
 ab 6 m² einfach
 12-14 cm einige
 6-9 gut-klasse

Nymphaea 'Arethusa'

25-30-35 cm

14-17 cm

mittel

anfällig

ab 3 m²

schwierig

7-10 cm

wenige

6-9

Vorsicht

Züchter:	Dreer oder Latour-Marliac um 1900
Vermutete Zuchteltern:	*N. alba* var. *rubra* x *N. mexicana*
Blütenfarbe:	rötliche Farbtöne
Blütenform:	kugel-, schalenförmig
Stand der Blüte:	schwimmend
Öffnungszeit der Blüte:	normal, von der Witterung abhängig
Blattoberseite:	Blattform rund, Blatteinschnitt weit geöffnet, Blattfarbe dunkelgrün mit Marmorierung Blattunterseite: braunrot
Besonderheiten:	Es kann nicht genau bestimmt werden, ob *N.* 'Arethusa' und *N.* 'Bateau' unterschiedliche Sorten sind.

Nymphaea 'Atropurpurea'

30-35-40 cm

ca. 20 cm

mittel

gesund (-)

ab 3 m²

schwer

12-14 cm

wenige

6-9

Vorsicht-gut

Züchter:	Latour-Marliac 1901
Vermutete Zuchteltern:	unbekannt
Blütenfarbe:	dunkles Karminrot
Blütenform:	sternförmig
Stand der Blüte:	schwimmend
Öffnungszeit der Blüte:	normal, ca. 10 bis 18 Uhr
Blattoberseite:	Blattform rund, Blatteinschnitt weit geöffnet, Blattaustrieb rötlich mit schwachem Muster, altes Blatt dunkelgrün mit rötlichem Rand
Blattunterseite:	rötlich gefärbt
Besonderheiten:	alte, empfindliche Züchtung die selten im Handel ist, liebt wärmeres Wasser

Nymphaea 'Attraction'

Züchter:	Latour-Marliac 1910
Vermutete Zuchteltern:	unbekannt
Blütenfarbe:	leuchtend karminrot, äußere Blütenblätter heller
Blütenform:	sternförmig
Stand der Blüte:	schwimmend
Öffnungszeit der Blüte:	normal, ca. 10 bis 18 Uhr
Blattoberseite:	Blattform rund, Blatteinschnitt teilweise geöffnet, kleine Lappenspitzen, Blattfarbe grün
Blattunterseite:	hellgrün
Besonderheiten:	rote Standardsorte für tiefere und große Teiche, typische Blütenfarbe zeigt sich erst bei eingewachsenen Pflanzen

 50-60-100 25-30 cm
 stark robust
 ab 12 m² mittel
16-18 cm viele
 5-9 gut

Nymphaea 'Aurora'

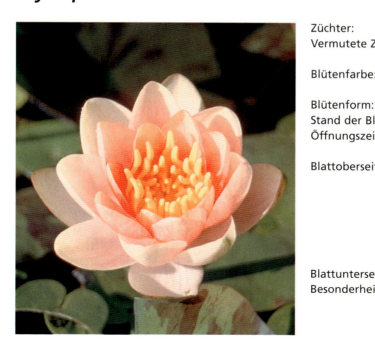

Züchter:	Latour-Marliac 1895
Vermutete Zuchteltern:	*N. alba* var. *rubra* x *N. mexicana*
Blütenfarbe:	gelb über orange zu rötlichen Farbtönen wechselnd
Blütenform:	schalenförmig
Stand der Blüte:	schwimmend
Öffnungszeit der Blüte:	kurz, von der Witterung abhängig
Blattoberseite:	Blattform rund-oval, Blatteinschnitt weit geöffnet, schwache Lappenspitzen, dunkelgrüner Blattaustrieb mit schwacher Marmorierung, die später verblasst, ältere Blätter grün
Blattunterseite:	braunrotes Punktemuster
Besonderheiten:	empfindliche Zwergseerose für wärmeres Wasser, selten echt im Handel

 15-20-25 cm 7-9 cm
 gering anfällig
 ab 0,5 m² schwer
5-7 cm wenige
 7-9   Vorsicht

Nymphaea 'Barbara Davies'

30-40-50 cm · 22-25 cm · mittel · gesund · ab 9 m² · normal · ca. 15 cm · einige · 5-9 · klasse

Züchter:	Strawn 1992
Vermutete Zuchteltern:	unbekannt
Blütenfarbe:	hellgelb im Zentrum pfirsichfarben, Blütenfarbe kann unterschiedlich ausfallen
Blütenform:	stern-, strahlenförmig
Stand der Blüte:	schwimmend
Öffnungszeit der Blüte:	normal, ca. 10 bis 18 Uhr
Blattoberseite:	Blattform rund, Blatteinschnitt weit geöffnet, ausgeprägte Lappenspitzen, Blattaustrieb rötlich mit Muster, ältere Blätter dunkelgrün mit Muster
Blattunterseite:	rötlich mit starkem Muster
Besonderheiten:	gute Winterhärte, die große Blüte wirkt besonders eindrucksvoll in der Seitenansicht

Nymphaea 'Barbara Dobbins'

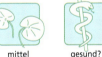
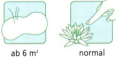

30-35-40 cm · 20-22 cm · mittel · gesund? · ab 6 m² · normal · ca. 12 cm · wenige · o. Angabe · o. Angabe

Züchter:	Strawn 1996
Vermutete Zuchteltern:	N. odorata x N. mexicana
Blütenfarbe:	hellgelb bis hell pfirsichfarben
Blütenform:	schalen-, sternförmig
Stand der Blüte:	über dem Wasser
Öffnungszeit der Blüte:	normal, ca. 10 bis 18 Uhr
Blattoberseite:	Blattform rund, Blatteinschnitt leicht geöffnet, Blattaustrieb rötlich mit Muster, ältere Blätter grün
Blattunterseite:	grün-rötlich mit Muster
Besonderheiten:	neue Züchtung, die wärmeres Wasser liebt

Nymphaea 'Baroness Orczy'

Züchter:	Gärtnerei Latour-Marliac 1935
Vermutete Zuchteltern:	unbekannt
Blütenfarbe:	hellrosa
Blütenform:	tassenförmig
Stand der Blüte:	schwimmend
Öffnungszeit der Blüte:	normal, ca. 10 bis 18 Uhr
Blattoberseite:	Blattform rund, Blatteinschnitt überdeckt, Blattfarbe grün
Blattunterseite:	helles grün
Besonderheiten:	seltene Sorte, die Schreibweise 'Orczy' wurde von der Latour-Marliac-Gesellschaft übernommen

 40-50-60 cm ca. 25 cm
 mittel gesund
 ab 9 m² mittel
 ca. 15 cm — wenige
6-9 — normal-gut

Nymphaea 'Belami'

Züchter:	Bechthold 2002
Vermutete Zuchteltern:	N. 'Rotkäppchen' x N. 'Perry's Fire Opal'
Blütenfarbe:	intensives dunkles Rosa
Blütenform:	kugelförmig
Stand der Blüte:	schwimmend bis knapp über dem Wasser
Öffnungszeit der Blüte:	ca. 10 bis 19 Uhr, zeitweise länger, abends zum Teil offen
Blattoberseite:	Blattform rund, Blatteinschnitt geöffnet, deutliche Lappenspitzen, Blattaustrieb dunkelrot, altes Blatt rötlich
Blattunterseite:	rötlich gefärbt
Besonderheiten:	moderne Blütenform mit intensiver und auffallender Blütenfarbe, kleinwüchsiger als N. 'Rotkäppchen'

 25-30-35 cm — 10-12 cm
 mittel gesund
 ab 3 m² mittel
 8-10 cm — ab ca. 2008
 5-9 o. Angabe

Nymphaea 'Berthold'

30-40-50 cm

18-22 cm

mittel · robust

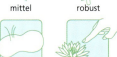
ab 6 m² · genau

6-8 cm · einige

5-9 · gut

Züchter:	Berthold 1985
Vermutete Zuchteltern:	Zufallssämling von *N.* 'Froebeli'
Blütenfarbe:	weiß bis zartrosa
Blütenform:	kelchförmig
Stand der Blüte:	schwimmend oder knapp über dem Wasser stehend
Öffnungszeit der Blüte:	normal, ca. 10 bis 18 Uhr
Blattoberseite:	Blattform rund, Blatteinschnitt weit geöffnet, Blattfarbe grün
Blattunterseite:	hellgrün
Besonderheiten:	größer und stärker wachsend als *N.* 'Froebeli'

Nymphaea 'Black Princess'

25-35-40 cm

ca. 20 cm

mittel · gesund

ab 6 m² · einfach

ca. 12 cm · wenige

6-9 ·   klasse

Züchter:	Slocum 1995
Vermutete Zuchteltern:	*N.* 'Perry's Fire Opal' x *N.* 'Pamela' (tropisch)
Blütenfarbe:	sehr dunkles Rot
Blütenform:	kelchförmig bis kugelig
Stand der Blüte:	schwimmend bis knapp über dem Wasser
Öffnungszeit der Blüte:	normal, ca. 10 bis 18 Uhr
Blattoberseite:	Blattform rund Stirnhöhle, Blatteinschnitt geöffnet, deutliche Lappenspitzen, Blattaustrieb dunkelrot, altes Blatt rötliches Dunkelgrün
Blattunterseite:	rötlich gefärbt
Besonderheiten:	die zur Zeit dunkelste Seerose, extravagante Wirkung und Ausstrahlung, unter intensiver Sonneneinstrahlung in sehr heißen Regionen kann die Blüte leiden

Nymphaea 'Bleeding Heart'

Züchter:	Perry's Water Gardens 1993
Vermutete Zuchteltern:	Zufallssämling
Blütenfarbe:	blutrot, Narbe dunkelgelb, Staubgefäße unten hell, oben rot
Blütenform:	kelchförmig, breite, löffelartige Blütenblätter
Stand der Blüte:	schwimmend
Öffnungszeit der Blüte:	lange, bis in den frühen Abend
Blattoberseite:	Blattform rund, Blatteinschnitt geöffnet, junge Blätter purpurfarben, später olivgrün
Blattunterseite:	rot, mit deutlichen grünen Nervenbahnen
Besonderheiten:	eine Seerose aus der *odorata*-Gruppe, die nur einen sehr leichten Duft hat

 30-50-80 cm 17 cm
 mittel gesund
ab 3 m² mittel
 9 cm wenige
 6-9 gut

Nymphaea 'Bola'

Züchter:	Bechthold 2002
Vermutete Zuchteltern:	N. 'Rotkäppchen' x N. 'Perry's Fire Opal'
Blütenfarbe:	im Aufblühen rosafarben, später helles Rosa
Blütenform:	kugelförmig
Stand der Blüte:	schwimmend
Öffnungszeit der Blüte:	ca. 10 bis 19 Uhr, zeitweise länger, abends zum Teil offen
Blattoberseite:	Blattform rund, Blatteinschnitt leicht geöffnet, kleine Lappenspitzen, Blattaustrieb rötlich, altes Blatt grün
Blattunterseite:	rötlich gefärbt
Besonderheiten:	moderne Blütenform, nach bisheriger kurzer Beobachtungszeit robust und blütenreich

 25-30-40 cm ca. 16 cm
 mittel gesund
 ab 3 m² mittel
 10-12 cm ab ca. 2007
 5-9 o. Angabe

Nymphaea 'Bravo'

20-25-30 cm

ca. 10 cm

gering

gesund

ab 2 m²

einfach

ca. 6 cm

ab ca. 2009

o. Angabe

o. Angabe

Züchter:	Bechthold 2002
Vermutete Zuchteltern:	Sämling von N. 'Fritz Junge'
Blütenfarbe:	hellrosa zur Blütenmitte intensives Rosa
Blütenform:	schalen-, sternförmig
Stand der Blüte:	schwimmend
Öffnungszeit der Blüte:	ca. 10 bis 18 Uhr, zeitweise länger
Blattoberseite:	Blattform rund, Blatteinschnitt weit geöffnet, kleine Lappenspitzen, Blattaustrieb rot, altes Blatt rötlich
Blattunterseite:	intensiv rötlich gefärbt
Besonderheiten:	kleine Sorte mit interessanter Blüte, weitere Prüfung notwendig

Nymphaea 'Burgundy Princess'

30-40-60 cm

12-14 cm

mittel

robust

ab 6 m²

normal

8-10 cm

viele

5-9

gut-klasse

Züchter:	Strawn 1983
Vermutete Zuchteltern:	N. 'Pink Beauty' x N. 'Perry's Pink'
Blütenfarbe:	dunkles Rubinrot
Blütenform:	tassen-, schalenförmig
Stand der Blüte:	schwimmend
Öffnungszeit der Blüte:	normal, ca. 10 bis 18 Uhr
Blattoberseite:	Blattform rund, Blatteinschnitt teilweise überdeckt, deutliche Lappenspitzen, Blattaustrieb rotbraun, altes Blatt dunkelgrün
Blattunterseite:	rötlich gefärbt
Besonderheiten:	ansprechende Blütenfarbe, im Hochsommer blütenreich

Nymphaea 'Candidissima' Syn. *N. alba* 'Candidissima'

Züchter:	Sturtevant 1892
Vermutete Zuchteltern:	unbekannt
Blütenfarbe:	weiß
Blütenform:	tassenförmig
Stand der Blüte:	schwimmend bis knapp über dem Wasser
Öffnungszeit der Blüte:	normal, ca. 10 bis 18 Uhr
Blattoberseite:	Blattform oval, Blatteinschnitt geöffnet, Blattfarbe grün
Blattunterseite:	hellgrün
Besonderheiten:	alte Züchtung, geringe Bedeutung, vermutlich eine Kreuzung aus *N. alba* x *N. candida*, es werden verschiedene Sorten unter dieser Bezeichnung angeboten

 50-60-100 22-25 cm
 stark robust
 ab 9 m² schwierig
10-12 cm einige
5-9 normal-gut

Nymphaea 'Candidissima Rosea'

Züchter:	Sturtevant 1884
Vermutete Zuchteltern:	unbekannt
Blütenfarbe:	rosa
Blütenform:	tassen-, schalenförmig
Stand der Blüte:	über dem Wasser stehend
Öffnungszeit der Blüte:	normal, ca. 10 bis 18 Uhr
Blattoberseite:	Blattform rund, Blatteinschnitt geöffnet, Lappenspitzen ausgeprägt, Blattfarbe grün zum Rand rötlich
Blattunterseite:	bräunlich
Besonderheiten:	alte Züchtung mit geringer Bedeutung

 30-40-50 cm 13-15 cm
 mittel robust
 ab 3 m² schwierig
 8-10 cm wenige
 5-9 normal

Nymphaea 'Caroliniana'

35-40-50 cm · 15-17 cm · mittel · robust

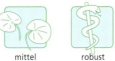

ab 3 m² · mittel

ca. 10 cm · wenige · 5-9 · normal

Züchter:	Latour-Marliac um 1900
Vermutete Zuchteltern:	unbekannt
Blütenfarbe:	rosa
Blütenform:	sternförmig
Stand der Blüte:	über dem Wasser stehend
Öffnungszeit der Blüte:	normal, ca. 10 bis 18 Uhr
Blattoberseite:	Blattform rund, Blatteinschnitt weit geöffnet, deutliche Lappenspitzen, Blattfarbe grün
Blattunterseite:	rötlich
Besonderheiten:	duftend, mit *N. odorata* verwandt, gelegentlich auch als *N.* 'Caroliniana Rosea' bezeichnet

Nymphaea 'Caroliniana Nivea'

35-45-60 cm · ca. 25 cm · mittel · robust

ab 6 m² · mittel

12-14 cm · einige · 5-9 · gut

Züchter:	Latour-Marliac 1893
Vermutete Zuchteltern:	unbekannt
Blütenfarbe:	cremeweiß
Blütenform:	sternförmig
Stand der Blüte:	über dem Wasser stehend
Öffnungszeit der Blüte:	normal, ca. 10 bis 18 Uhr
Blattoberseite:	Blattform rund, Blatteinschnitt weit geöffnet, deutliche Lappenspitzen, Blattfarbe grün
Blattunterseite:	rötlich
Besonderheiten:	duftend, mit *N. odorata* verwandt, reichblütige Sorte

Nymphaea 'Caroliniana Perfecta'

Züchter:	Latour-Marliac 1893
Vermutete Zuchteltern:	unbekannt
Blütenfarbe:	lachsrosa
Blütenform:	tassenförmig
Stand der Blüte:	über dem Wasser stehend
Öffnungszeit der Blüte:	normal, ca. 10 bis 18 Uhr
Blattoberseite:	Blattform rund, Blatteinschnitt weit geöffnet, deutliche Lappenspitzen, Blattfarbe dunkelgrün
Blattunterseite:	rötlich
Besonderheiten:	stark duftend, mit *N. odorata* verwandt

35-40-60 cm   20-22 cm

mittel   robust

ab 6 m²   mittel

8-10 cm   einige

5-9   normal

Nymphaea 'Celebration'

Züchter:	Strawn 1994
Vermutete Zuchteltern:	*N.* 'Peter Slocum' x *N.* 'Pink Beauty'
Blütenfarbe:	fuchsienrosa
Blütenform:	sternförmig
Stand der Blüte:	schwimmend bis knapp über dem Wasser
Öffnungszeit der Blüte:	ca. 10 bis 19 Uhr
Blattoberseite:	Blattform rund, Blatteinschnitt teilweise geöffnet, Lappenspitzen ausgeprägt, Blattaustrieb rötlich, ältere Blätter grün
Blattunterseite:	intensiv rötlich
Besonderheiten:	eine an eine kleine *N.* 'Mayla' erinnernde Sorte

30-40-50 cm   10-12 cm

mittel   gesund

ab 3 m²   mittel

8-10 cm   wenige

o. Angabe   o. Angabe

Nymphaea 'Charlene Strawn'

35-45-60 cm

20-22 cm

mittel

gesund

ab 9 m²

normal

ca. 15 cm

wenige

6-9

gut

Züchter:	Strawn 1969
Vermutete Zuchteltern:	unbekannt
Blütenfarbe:	hellgelb, im Zentrum intensiver
Blütenform:	schalen-, sternförmig
Stand der Blüte:	über dem Wasser
Öffnungszeit der Blüte:	normal, ca. 10 bis 18 Uhr
Blattoberseite:	Blattform oval, Blatteinschnitt teilweise überlappt, ausgeprägte Lappenspitzen, deutliche Stirnhöhle, Blattaustrieb rötlich mit schwacher Marmorierung, ältere Blätter dunkelgrün ohne Muster
Blattunterseite:	braunrot mit Muster
Besonderheiten:	gute gelbe Züchtung für wärmeres Wasser

Nymphaea 'Charles de Meurville'

40-50-80 cm

25-30 cm

mittel

gesund

ab 9 m²

mittel

12-14 cm

viele

6-9

normal

Züchter:	Gärtnerei Latour-Marliac 1931
Vermutete Zuchteltern:	unbekannt
Blütenfarbe:	purpurrot bis rosa
Blütenform:	tassen-, schalenförmig
Stand der Blüte:	schwimmend
Öffnungszeit der Blüte:	normal, ca. 10 bis 18 Uhr
Blattoberseite:	Blattform oval, Blatteinschnitt geöffnet, schwach ausgeprägte Lappenspitzen, dunkelgrünes Blatt
Blattunterseite:	grün
Besonderheiten:	ältere Standardsorte

Nymphaea 'Charles de Meurville' ▶

Nymphaea 'Château le Rouge'

40-60-80 cm

ca. 23x28 cm

mittel · gesund

ab 5 m² · schwer

ca. 12 cm · wenige

5-9 · gut

Züchter:	Latour-Marliac 1972
Vermutete Zuchteltern:	unbekannt
Blütenfarbe:	eine der am dunkelsten roten Seerosen, außen weiß durchsetzt
Blütenform:	tassenförmig, rund
Stand der Blüte:	schwimmend
Öffnungszeit der Blüte:	normal, bis etwa 17 Uhr
Blattoberseite:	Blattform oval, Blatteinschnitt überdeckt, dunkelgrün, kleinere Blätter dunkelbraun und gelegentlich wenig gefleckt
Blattunterseite:	rötlich bis bräunlich gefärbt
Besonderheiten:	Ähnlichkeiten bestehen zu N. 'William Falconer', doch hat diese Art deutlich mehr Flecken an der Blattaußenseite; eventuell identisch mit N. 'Bateau'

Nymphaea 'Chrysantha'

15-20-25 cm

ca. 10 cm

gering · gesund (-)

ab 1 m² · mittel

6-8 cm · einige

7-9 · Vorsicht-gut

Züchter:	Latour-Marliac 1905
Vermutete Zuchteltern:	unbekannt
Blütenfarbe:	gelb zu kupferfarben wechselnd
Blütenform:	kelch-schalenförmig
Stand der Blüte:	schwimmend
Öffnungszeit der Blüte:	normal, von der Witterung abhängig
Blattoberseite:	Blattform rund-oval, Blatteinschnitt weit geöffnet, grüner Blattaustrieb mit starker brauner Marmorierung
Blattunterseite:	rotbraun, braunrotes Punktemuster
Besonderheiten:	Zwergseerose mit interessanter Schwimmblattzeichnung für wärmeres Wasser, auch für Kübelpflanzung

Nymphaea 'Chubby'

Züchter:	Strawn 1993
Vermutete Zuchteltern:	N. 'Dallas' x N. 'Darwin'
Blütenfarbe:	weiß bis hellrosa
Blütenform:	schalenförmig, wirkt gefüllt
Stand der Blüte:	schwimmend bis knapp über dem Wasser
Öffnungszeit der Blüte:	normal, ca. 10 bis 18 Uhr
Blattoberseite:	Blattform rund, Blatteinschnitt geöffnet, grünes Blatt
Blattunterseite:	rötlich-violett
Besonderheiten:	neue und noch seltene kleinere Sorte mit guten Eigenschaften

 30-35-40 cm 12-14 cm

 mittel gesund

 ab 3 m² mittel

8-10 cm wenige

 o. Angabe   o. Angabe

Nymphaea 'Clyde Ikins'

Züchter:	Strawn, Jahr unbekannt
Vermutete Zuchteltern:	N. 'Nigel' x N. mexicana
Blütenfarbe:	helles Gelb, zur Blütenbasis hin aprikotfarben
Blütenform:	schalenförmig
Stand der Blüte:	über dem Wasser stehend
Öffnungszeit der Blüte:	ca. 10 bis 18 Uhr
Blattoberseite:	Blattform oval, Blatteinschnitt leicht geöffnet, Blattfarbe grün mit schwacher Marmorierung
Blattunterseite:	rotbraun
Besonderheiten:	schöne Neuzüchtung

 30-35-40 cm 15-20 cm

 mittel gesund

 ab 3 m² normal

 10-12 cm wenige

 o. Angabe o. Angabe

Nymphaea 'Colonel A. J. Welch'

50-60-70 cm   20-30 cm

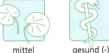
mittel   gesund (-)

ab 9 m²   mittel

14-18 cm   wenige

5-9   normal (-)

Züchter:	Gärtnerei Latour-Marliac 1929
Vermutete Zuchteltern:	unbekannt
Blütenfarbe:	kanariengelb
Blütenform:	sternförmig
Stand der Blüte:	weit über dem Wasser stehend
Öffnungszeit der Blüte:	normal, ca. 11 bis 18 Uhr
Blattoberseite:	Blattform rund, Blatteinschnitt weit geöffnet, Blattlappen mit Lappenspitzen, grünes Blatt mit rotbraunem Muster, das später verblasst
Blattunterseite:	schwaches Muster
Besonderheiten:	vivipar (lebendgebärend), an den Fruchtständen können sich Jungpflanzen bilden, liebt wärmeres Klima, Liebhaberpflanze

Nymphaea 'Colorado'

25-35-40 cm   14-18 cm

mittel   gesund

ab 3 m²   mittel

10-12 cm   einige

6-9   gut-klasse

Züchter:	Strawn 1994
Vermutete Zuchteltern:	N. 'Louise Villemarette' x N. mexicana
Blütenfarbe:	pfirsichfarben, Blütenfarbe kann unterschiedlich ausfallen
Blütenform:	stern-, strahlenförmig
Stand der Blüte:	hoch über dem Wasser
Öffnungszeit der Blüte:	normal, ca. 10 bis 18 Uhr
Blattoberseite:	Blattform oval-rund, Blatteinschnitt weit geöffnet, Ausprägung der Lappenspitzen variiert, grüne Blätter mit starkem, rotbraunem Muster
Blattunterseite:	hellgrün mit rötlichem Punktemuster
Besonderheiten:	gute Winterhärte, im warmen Wasser blütenreich

Nymphaea 'Colossea'

Züchter:	Latour-Marliac 1901
Vermutete Zuchteltern:	unbekannt
Blütenfarbe:	nahezu weiß, an der Blütenblattbasis hellrosa
Blütenform:	schalen-, sternförmig
Stand der Blüte:	schwimmend oder knapp über dem Wasser stehend
Öffnungszeit der Blüte:	normal, ca. 10 bis 18 Uhr
Blattoberseite:	Blattform oval, Blatteinschnitt weit geöffnet, Lappenspitzen schwach ausgebildet, grünes Blatt im Austrieb rötlich
Blattunterseite:	grün bis rötlich
Besonderheiten:	robuste Züchtung mit etwas größeren Blüten als N. 'Marliacea Rosea'

 50-70-100 cm 30-35 cm
  stark robust
 ab 12 m² groß
18-20 cm wenige
5-9 normal

Nymphaea 'Comanche'

Züchter:	Latour-Marliac 1908
Vermutete Zuchteltern:	unbekannt
Blütenfarbe:	gelborange über orange zu rötlichen Farbtönen wechselnd
Blütenform:	schalen-, sternförmig
Stand der Blüte:	knapp über dem Wasser
Öffnungszeit der Blüte:	normal, von der Witterung abhängig
Blattoberseite:	Blattform oval, Blatteinschnitt geöffnet, gewellter Blattrand, hell-dunkelgrüner Blattaustrieb mit rot-brauner Marmorierung, die später verblasst, ältere Blätter grün
Blattunterseite:	rötlichbraun mit gefleckten Muster
Besonderheiten:	empfindliche kleinere Seerose mit interessantem Blütenbild für wärmeres Wasser

 25-30-35 cm ca. 18 cm
  gering anfällig
 ab 3 m² mittel
ca. 9 cm wenige
 7-9 Vorsicht

Nymphaea 'Conqueror'

50-60-80 cm

ca. 25 cm

stark

robust

ab 12 m²

mittel

ca. 16 cm

einige

5-9

gut

Züchter:	Latour-Marliac 1910
Vermutete Zuchteltern:	unbekannt
Blütenfarbe:	dunkles Weinrot, äußere Blütenblätter heller
Blütenform:	tassen-, schalenförmig
Stand der Blüte:	kurz über dem Wasser
Öffnungszeit der Blüte:	normal, ca. 10 bis 18 Uhr
Blattoberseite:	Blattform rund, Blattränder nach oben gebogen, Blatteinschnitt größtenteils überdeckt, deutliche Lappenspitzen, Blattfarbe dunkelgrün
Blattunterseite:	rötlich-braun
Besonderheiten:	bewährte Sorte für tiefere und große Teiche

Nymphaea 'Dallas'

25-30-40 cm

ca. 16 cm

mittel

gesund (-)

ab 3 m²

mittel

7-10 cm

wenig

o. Angabe

o. Angabe

Züchter:	Strawn 1991
Vermutete Zuchteltern:	unbekannt
Blütenfarbe:	dunkelrosa, Blütenmitte heller
Blütenform:	sternförmig
Stand der Blüte:	schwimmend
Öffnungszeit der Blüte:	normal, ca. 10 bis 18 Uhr
Blattoberseite:	Blattform rund, Blatteinschnitt geöffnet bis leicht überlappt, kleine Lappenspitzen, Blatt grün, vereinzelt mit rötlichem Muster, älteres Blatt grün mit verblassendem Muster
Blattunterseite:	intensiv dunkelrot gefärbt
Besonderheiten:	neue Sorte für wärmeres Wasser

Nymphaea 'Darwin' Syn. *Nymphaea* 'Hollandia'

Züchter:	Latour-Marliac ca. 1909
Vermutete Zuchteltern:	unbekannt
Blütenfarbe:	rosarot, zweifarbig wirkend
Blütenform:	schalenförmig, gefüllt wirkend
Stand der Blüte:	schwimmend
Öffnungszeit der Blüte:	normal, ca. 10 bis 18 Uhr
Blattoberseite:	Blattform rund, Blatteinschnitt weit überdeckt, kleine Lappenspitzen, Blattfarbe grün
Blattunterseite:	grün
Besonderheiten:	auffallende Blütenfarbe und schöne Blütenform, gute Schnittblume

50-60-100 cm / 25-28 cm

stark / robust

ab 12 m² / einfach

16-18 cm / wenige

5-9 / gut-klasse

Nymphaea 'David'

Züchter:	Gärtnerei Latour-Marliac 1985
Vermutete Zuchteltern:	unbekannt
Blütenfarbe:	orangerot
Blütenform:	tulpen-, sternförmig
Stand der Blüte:	über dem Wasser
Öffnungszeit der Blüte:	normal, ca. 10 bis 18 Uhr
Blattoberseite:	Blattform oval, Blatteinschnitt geöffnet, Lappenspitzen nicht ausgeprägt, Blattaustrieb grün mit schwacher Marmorierung, die später verblasst, Blattrand gewellt
Blattunterseite:	grün mit Fleckenmuster
Besonderheiten:	seltene, markante Blütenfarbe, leider in unserem Klima nicht sehr blütenreich

40-50-60 cm / 16-20 cm

mittel / gesund

ab 6 m² / einfach

ca. 10 cm / wenige

6-9 / normal

Nymphaea 'Denver'

25-30-40 cm

ca. 12 cm

mittel

gesund (-)

ab 4 m²

mittel

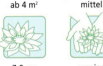
7-9 cm

wenige

6-9

o. Angabe

Züchter:	Strawn 1997
Vermutete Zuchteltern:	N. 'Rembrandt' x N. mexicana
Blütenfarbe:	weiß mit leichten Gelbanteilen, cremefarben wirkend
Blütenform:	stern-, schalenförmig, gefüllt wirkend
Stand der Blüte:	schwimmend bis knapp über dem Wasser
Öffnungszeit der Blüte:	normal, ca. 10 bis 18 Uhr
Blattoberseite:	Blattform oval, Blatteinschnitt größtenteils geöffnet, kleine Lappenspitzen, Blatt grün mit braunem Muster, ältere Blätter mit schwachem Muster
Blattunterseite:	rötlich gefärbt
Besonderheiten:	neue Sorte mit guten Eigenschaften

Nymphaea 'Deva'

40-60-100

ca. 25 cm

mittel

gesund

ab 3 m²

leicht

ca. 10 cm

wenige

5-9

gut

Züchter:	unbekannt, 1998 erstmals vorgestellt
Vermutete Zuchteltern:	unbekannt
Blütenfarbe:	strahlendes Weiß mit leuchtend gelben Staubblättern
Blütenform:	paeonienförmig
Stand der Blüte:	schwimmend
Öffnungszeit der Blüte:	lange, bleibt zeitweise abends zum Teil offen
Blattoberseite:	Blattform rund, Blatteinschnitt leicht geöffnet, deutliche Lappenspitzen, Blattaustrieb grünlich mit rötlichem Rand, einige größere braune Flecken, Nervatur gut sichtbar
Blattunterseite:	grünlich gefärbt
Besonderheiten:	Erfahrungen liegen erst wenige vor, eine prächtige weiße Seerose, die mittelgroße Blüten mit langer Öffnungszeit aufweist

Nymphaea 'Ellisiana'

Züchter:	Latour-Marliac 1896
Vermutete Zuchteltern:	unbekannt
Blütenfarbe:	variierendes, intensives Rot
Blütenform:	tulpen-, schalenförmig
Stand der Blüte:	schwimmend
Öffnungszeit der Blüte:	normal, von der Witterung abhängig
Blattoberseite:	Blattform rund, Blatteinschnitt leicht geöffnet, dunkelgrüner Blattaustrieb mit schwacher Marmorierung, die später verblasst, ältere Blätter grün
Blattunterseite:	rötlich
Besonderheiten:	empfindliche Zwergseerose für wärmeres Wasser, selten echt im Handel

 20-25-30 cm 12-14 cm
 gering anfällig
 ab 1 m² schwierig
 6-8 cm wenige
5-9 Vorsicht

Nymphaea 'Ernst Epple sen.'

Züchter:	Epple 1970
Vermutete Zuchteltern:	unbekannt
Blütenfarbe:	weiß
Blütenform:	schalenförmig, gefüllt
Stand der Blüte:	schwimmend bis knapp über dem Wasser
Öffnungszeit der Blüte:	lange Öffnungszeit, zeitweise auch bis in die Nacht
Blattoberseite:	Blattform rund-oval, Blatteinschnitt geöffnet, Blatt grün
Blattunterseite:	grün
Besonderheiten:	seltene, interessante Sorte mit schwieriger Vermehrung

 40-50-60 cm ca. 25 cm
 mittel gesund (-)
 ab 9 m² einfach
 ca. 14 cm wenige
6-9 gut

Nymphaea 'Eros'

30-35-40 cm

ca. 16 cm

mittel / gesund

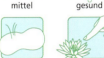
ab 3 m² / mittel

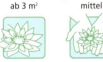
ca. 12 cm / ab ca. 2006

6-9 / o. Angabe

Züchter:	Bechthold 2001
Vermutete Zuchteltern:	N. 'Perry's Fire Opal' x N. 'Wow'
Blütenfarbe:	intensives, dunkles Rosarot
Blütenform:	schalenförmig, wirkt gefüllt
Stand der Blüte:	schwimmend bis knapp über dem Wasser
Öffnungszeit der Blüte:	ca. 10 bis 19 Uhr, zeitweise länger
Blattoberseite:	Blattform rund, Blatteinschnitt leicht überdeckt, kleine Lappenspitzen, Blattaustrieb rötlich, altes Blatt grün
Blattunterseite:	rötlich gefärbt
Besonderheiten:	im Hochsommer sehr reich blühend, fertile Sorte

Nymphaea 'Escarboucle'

40-50-80 cm

16-24 cm

gering-mittel / robust

ab 6 m² / einfach

14-16 cm / viele

5-9 / gut-klasse

Züchter:	Latour-Marliac 1909
Vermutete Zuchteltern:	unbekannt
Blütenfarbe:	leuchtend rubinrot
Blütenform:	sternförmig
Stand der Blüte:	schwimmend
Öffnungszeit der Blüte:	zeitweise lang, ca. 10 bis 20 Uhr
Blattoberseite:	Blattform rund, Blatteinschnitt teilweise überdeckt, Blattlappen ohne Lappenspitzen, Blattaustrieb rotbraun ohne Muster, altes Blatt grün
Blattunterseite:	rötlich gefärbt
Besonderheiten:	ansprechende Blütenfarbe, lange Öffnungszeit der Blüte, nur im warmen Wasser blütenreich

Nymphaea 'Escarboucle' ▶

Nymphaea 'Fabiola'

35-40-60 cm

20-24 cm

mittel-stark

robust

ab 9 m²

mittel

ca. 12 cm

viele

4-9

gut-klasse

Züchter:	Gärtnerei Latour-Marliac 1913
Vermutete Zuchteltern:	unbekannt
Blütenfarbe:	kräftiges Rosa, in der Blütenmitte dunkler
Blütenform:	tassen-schalenförmig
Stand der Blüte:	knapp über dem Wasser
Öffnungszeit der Blüte:	normal, ca. 10 bis 18 Uhr
Blattoberseite:	Blattform rund, Blattrand gewellt, Blatteinschnitt geöffnet, kleine Lappenspitzen, Blatt dunkelgrün
Blattunterseite:	grün
Besonderheiten:	alte bewährte Standardsorte mit guten Eigenschaften, zeitweise blütenreich

Nymphaea 'Fatima'

30-40-50 cm

16-18 cm

gering-mittel

robust

ab 6 m²

mittel

ca. 12 cm

ab ca. 2007

5-9

o. Angabe

Züchter:	Bechthold 2000
Vermutete Zuchteltern:	*N. candida* x *N.* 'Rose Arey'
Blütenfarbe:	im Aufblühen rosa, dann zu weiß wechselnd
Blütenform:	kelch-, schalenförmig
Stand der Blüte:	schwimmend
Öffnungszeit der Blüte:	normal, ca. 10 bis 18 Uhr
Blattoberseite:	Blattform rund, Blatteinschnitt überdeckt bis leicht geöffnet, kleine Lappenspitzen, Blattaustrieb rötlich, altes Blatt grün
Blattunterseite:	rotbraun gefärbt
Besonderheiten:	blüht reich im Frühsommer, gute Nachblüte im Spätsommer, traditionelle Blütenform für naturhafte Wassergärten, steril

Nymphaea 'Fireball'

Züchter:	Perry's Water Gardens 1994
Vermutete Zuchteltern:	N. 'Splendida' x N. 'Atropurpurea'
Blütenfarbe:	helles Karminrot, zur Blütenmitte dunkel karminrot
Blütenform:	kugel-, schalenförmig, gefüllt wirkend
Stand der Blüte:	schwimmend
Öffnungszeit der Blüte:	normal, ca. 10 bis 18 Uhr
Blattoberseite:	Blattform rund, Blatteinschnitt überlappt, Blattfarbe grün
Blattunterseite:	rötlich gefärbt
Besonderheiten:	bei voller Öffnung extravagante Wirkung und Ausstrahlung durch die dunkle Blütenmitte, in Deutschland erst vor knappem eingeführt

 50-60-80 cm ca. 25 cm
 mittel gesund
 ab 9 m² einfach
 ca. 16 cm   wenige
 o. Angabe o. Angabe

Nymphaea 'Firecrest' Syn. Nymphaea 'Fire Crest'

Züchter:	unbekannt 1930
Vermutete Zuchteltern:	unbekannt
Blütenfarbe:	rosa
Blütenform:	schalen-, sternförmig
Stand der Blüte:	knapp über dem Wasser stehend
Öffnungszeit der Blüte:	variabel, ca. 9 bis 18 Uhr und länger
Blattoberseite:	Blattform rund, Blatteinschnitt leicht geöffnet, kleine Lappenspitzen, Blattaustrieb rötlich, altes Blatt grün
Blattunterseite:	rötlich gefärbt
Besonderheiten:	stark duftende und fruchtende Seerose

 30-40-50 cm ca. 22 cm
 mittel robust
 ab 6 m² mittel
 ca. 12 cm viele
 5-9 gut

Nymphaea 'Florida Sunset'

 30-40-50 cm
 ca. 20 cm
 gesund?
 mittel
 ab 6 m²
 mittel
 ca. 14 cm
 wenige
 o. Angabe
 o. Angabe

Züchter:	Slocum 1995
Vermutete Zuchteltern:	N. 'Perry's Fire Opal' x N. mexicana
Blütenfarbe:	hellgelb bis hellpfirsichfarben mit hellrosa Anteilen
Blütenform:	paeonienförmig, gefüllt wirkend
Stand der Blüte:	schwimmend
Öffnungszeit der Blüte:	ca. 10 bis 18 Uhr
Blattoberseite:	Blattform rund, Blatteinschnitt überdeckt, kleine Lappenspitzen, Blattfarbe dunkelgrün mit Marmorierung
Blattunterseite:	rötlich mit gepunktetem Muster
Besonderheiten:	interessante Blütenfarbe und Blütenform, Seerose für wärmeres Wasser

Nymphaea 'Formosa'

 40-60-80 cm
 ca. 20 cm
 mittel
 gesund
 ab 3 m²
 normal
 ca. 10 cm
 wenige
 6-9
normal-gut

Züchter:	Latour-Marliac 1909
Vermutete Zuchteltern:	unbekannt
Blütenfarbe:	pfirsichfarben, dunkelt nach wenigen Tagen rot nach, äußere Blütenblätter weiß auslaufend
Blütenform:	schalenförmig, Außenblätter deutlich verlängert
Stand der Blüte:	schwimmend
Öffnungszeit der Blüte:	normal, ca. 10 bis 18 Uhr
Blattoberseite:	Blattform rund, Blatteinschnitt geöffnet, Lappenspitzen angedeutet, Blattaustrieb rötlich, später hellgrün
Blattunterseite:	anfangs rot, später heller
Besonderheiten:	entwickelt einen schwach süßlichen Duft; attraktive Blüten, die aber vor allem im Frühsommer zu sehen sind

Nymphaea 'Franz Berthold'

Züchter:	Berthold 2001
Vermutete Zuchteltern:	aus *N.* 'Fritz Junge'
Blütenfarbe:	intensives rosa, zur Blütenmitte hin karminrot
Blütenform:	stern-, strahlenförmig
Stand der Blüte:	schwimmend bis knapp über dem Wasser
Öffnungszeit der Blüte:	zeitweise lang, ca. 10 bis 19 Uhr
Blattoberseite:	Blattform oval, Blatteinschnitt weit geöffnet, Blattfarbe dunkelgrün
Blattunterseite:	rötlich gefärbt
Besonderheiten:	neue Sorte, duftend

40-50-60 cm / ca. 25 cm

mittel / gesund

ab 9 m² / einfach

ca. 20 cm / wenige

5-9 / o. Angabe

Nymphaea 'Fridolfing'

Züchter:	Berthold 1997
Vermutete Zuchteltern:	aus *N.* 'Fritz Junge'
Blütenfarbe:	helles Rosa, zur Blütenmitte leicht karminrot
Blütenform:	stern-, strahlenförmig
Stand der Blüte:	schwimmend
Öffnungszeit der Blüte:	zeitweise lang, ca. 10 bis 19 Uhr
Blattoberseite:	Blattform rund, Blatteinschnitt geöffnet, Blattfarbe grün
Blattunterseite:	rötlich gefärbt
Besonderheiten:	neue kleine Sorte mit ansprechender Blütenform

20-25-30 cm / ca. 15 cm

mittel / robust

ab 3 m² / einfach

12-14 cm / wenige

o. Angabe / o. Angabe

Nymphaea 'Fritz Junge'

30-40-60 cm

14-24 cm

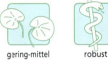
gering-mittel / robust

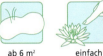
ab 6 m² / einfach

14-18 cm / einige

6-10 / gut-klasse

Züchter:	Junge 1975
Vermutete Zuchteltern:	unbekannt
Blütenfarbe:	helles Rosa, zur Blütenmitte zu hellem Karminrot wechselnd
Blütenform:	sehr sternförmig
Stand der Blüte:	schwimmend
Öffnungszeit der Blüte:	zeitweise lang, ca. 10 bis 20 Uhr
Blattoberseite:	Blattform rund, Blatteinschnitt weit geöffnet, deutliche Lappenspitzen, Blattaustrieb rötlich, altes Blatt dunkelgrün
Blattunterseite:	rötlich gefärbt
Besonderheiten:	ansprechende Blütenform, lange Öffnungszeit der Blüte, kann in warmen Teichen auch in 60 cm Wassertiefe angepflanzt werden, fruchtend

Nymphaea 'Fritz Junge' ▶

Nymphaea 'Froebeli'

20-35-50 cm

12-14 cm

mittel / robust

ab 2 m² / genau

8-10 cm / viele

5-9 / klasse

Züchter:	Froebel 1898
Vermutete Zuchteltern:	unbekannt
Blütenfarbe:	karminrot
Blütenform:	kelchförmig
Stand der Blüte:	knapp über dem Wasser stehend
Öffnungszeit der Blüte:	normal, ca. 10 bis 18 Uhr
Blattoberseite:	Blattform oval, Blatteinschnitt weit geöffnet, Blattlappen mit Lappenspitzen, Blattaustrieb braun-rötlich mit leichtem Muster, später grün ohne Muster
Blattunterseite:	braunrot
Besonderheiten:	reich blühender und robuster Halbzwerg, auch für die Anpflanzung in großen Wasserkübeln eignet

Nymphaea 'Fruchtriese'

 35-40-45 cm
 ca. 22 cm
 gesund (-)
 mittel-stark / mittel
 ab 9 m²
 12-14 cm / ab ca. 2008

 6-9
 0. Angabe

Züchter:	Bechthold 2001
Vermutete Zuchteltern:	N. 'Perry's Fire Opal' x N. 'Peter Slocum'
Blütenfarbe:	im Aufblühen rosa, zu hellem Rosa wechselnd
Blütenform:	schalenförmig
Stand der Blüte:	schwimmend bis knapp über dem Wasser
Öffnungszeit der Blüte:	ca. 10 bis 19 Uhr, zeitweise länger
Blattoberseite:	Blattform rund, Blatteinschnitt geöffnet, schwach ausgebildete Lappenspitzen, Blattaustrieb rötlich, altes Blatt grün-rötlich
Blattunterseite:	rötlich gefärbt
Besonderheiten:	bildet große Fruchtknoten, liebt wärmeres Wasser

Nymphaea 'Galatée' Syn. *N.* 'odorata Galatée'

 25-30-35 cm
 12-14 cm
 gering-mittel / gesund (-)
 ab 2 m²
 6-10 cm / wenige
 6-9
 einfach
 normal-gut

Züchter:	Latour-Marliac 1909
Vermutete Zuchteltern:	unbekannt
Blütenfarbe:	hellrosa, in der Blütenmitte nachdunkelnd
Blütenform:	schalenförmig
Stand der Blüte:	knapp über dem Wasser
Öffnungszeit der Blüte:	normal, ca. 10 bis 18 Uhr
Blattoberseite:	Blattform oval, Blatteinschnitt weit geöffnet, Blattaustrieb mit schwacher Marmorierung, die später verblasst, ältere Blätter grün, zum Rand bräunlich
Blattunterseite:	braunrot
Besonderheiten:	schöne kleinere Seerose, Blüte wächst im Verlauf der Blühzeit noch etwas

Nymphaea 'Georgia Peach'

Züchter:	Strawn 1998
Vermutete Zuchteltern:	N. 'Louise Villemarette' x N. mexicana
Blütenfarbe:	pfirsichfarben, nach außen hellgelb
Blütenform:	stern-, strahlenförmig
Stand der Blüte:	hoch über dem Wasser
Öffnungszeit der Blüte:	normal, ca. 10 bis 18 Uhr
Blattoberseite:	Blattform rund, Blatteinschnitt weit geöffnet, grüne Blätter mit braunem Muster, altes Blatt mit schwachem Muster
Blattunterseite:	grün bis rötlich
Besonderheiten:	neue und sehr aktuelle Züchtung

 30-40-60 cm 12-16 cm
 mittel — gesund
 ab 6 m² — mittel
10-14 cm — wenige
 6-9 gut-klasse

Nymphaea 'Gladstoniana', N. 'Pöstlingberg'

Züchter:	N. 'Gladstoniana' Richardson 1897, N. 'Pöstlingberg' Buggle 1922
Vermutete Zuchteltern:	N. alba x N. tuberosa
Blütenfarbe:	weiß
Blütenform:	tassenförmig bis sternförmig
Stand der Blüte:	schwimmend bis über dem Wasser
Öffnungszeit der Blüte:	normal, ca. 10 bis 18 Uhr
Blattoberseite:	Blattform rund, Blatteinschnitt teilweise überdeckt, Blattfarbe grün
Blattunterseite:	grün
Besonderheiten:	anpassungsfähige und starkwüchsige Sorten; Fachleute unterscheiden zwischen N. 'Gladstoniana' und N. 'Pöstlingberg', danach ist N. 'Pöstlingberg' starkwüchsiger, zeigt mehr Blütenblätter und duftet

 50-70-150 cm 30-40 cm
 stark robust
 ab 12 m² mittel
 14-16 cm viele
 6-10 gut-klasse

Nymphaea 'Gloire du Temple-sur-Lot'

40-50-60 cm | ca. 25 cm
mittel-stark | gesund
ab 6 m² | einfach
ca. 14 cm | wenige
7-8 | gut

Züchter:	Gärtnerei Latour-Marliac 1913
Vermutete Zuchteltern:	unbekannt
Blütenfarbe:	weiß bis helles Rosa
Blütenform:	sehr stark gefüllt, chrysanthemenartig
Stand der Blüte:	schwimmend
Öffnungszeit der Blüte:	temperaturabhängig
Blattoberseite:	Blattform rund, Blatteinschnitt größtenteils überdeckt, kleine Lappenspitzen, rötlicher Blattaustrieb, ältere Blätter grün
Blattunterseite:	rötlich
Besonderheiten:	Meilenstein in der Seerosenzüchtung, leider nicht sehr blütenreich, aber jede Blüte ist ein Erlebnis, dies rechtfertigt die gute Bewertung

Nymphaea 'Gloriosa'

35-40-60 cm | 15-18 cm
mittel | gesund
ab 6 m² | schwer
10-12 cm | einige
5-9 | normal-gut

Züchter:	Latour-Marliac 1896
Vermutete Zuchteltern:	unbekannt
Blütenfarbe:	rosa-karminrot, Blüte nachdunkelnd
Blütenform:	tassenförmig
Stand der Blüte:	schwimmend
Öffnungszeit der Blüte:	normal, ca. 10 bis 18 Uhr
Blattoberseite:	Blattform oval, Blatteinschnitt geöffnet, bei jungen Blättern auch knapp überlappt, kleine Lappenspitzen, Blatt dunkelgrün, im Austrieb rötlich
Blattunterseite:	leicht bräunlich gefärbt
Besonderheiten:	fünf Kelchblätter, selten echt im Handel

Nymphaea 'Gold Medal'

Züchter:	Slocum 1991
Vermutete Zuchteltern:	Sämling von *N.* 'Texas Dawn'
Blütenfarbe:	gelb
Blütenform:	sternförmig, gefüllt wirkend
Stand der Blüte:	hoch über dem Wasser stehend
Öffnungszeit der Blüte:	normal, ca. 10 bis 18 Uhr
Blattoberseite:	Blattform rund, Blatteinschnitt weit geöffnet, deutliche Lappenspitzen, grünes Blatt mit Marmorierung, die später verblasst
Blattunterseite:	rötlich mit Punktemuster
Besonderheiten:	duftend, attraktive neue Züchtung mit guten Eigenschaften

 50-60-100 cm 22-25 cm
 mittel-stark gesund
 ab 9 m² mittel
 ca. 16 cm wenige
 6-9 gut-klasse

Nymphaea 'Gonnère' Syn. *N.* 'Snowball', *N.* 'Christal White'

Züchter:	Gärtnerei Latour-Marliac 1914
Vermutete Zuchteltern:	unbekannt
Blütenfarbe:	weiß
Blütenform:	gefüllt, chrysanthemenförmig
Stand der Blüte:	schwimmend
Öffnungszeit der Blüte:	normal, ca. 10 bis 18 Uhr
Blattoberseite:	Blattform rund, Blatteinschnitt weit geöffnet, keine Lappenspitzen, Blatt dunkelgrün
Blattunterseite:	grün
Besonderheiten:	robuste alte Sorte mit ausgefallenem Blütenbild durch ca. 60 Blütenblätter, normal blütenreich, perfekte Form nur bei gutem Wetter

 35-40-50 cm 20-22 cm
 mittel robust
 ab 6 m² einfach
 12-14 cm viele
 6-9 gut

Nymphaea 'Graziella'

15-20-25 cm   ca. 10 cm

gering   gesund

ab 1 m²   mittel

6-8 cm   einige

7-9   gut

Züchter:	Latour-Marliac 1904
Vermutete Zuchteltern:	unbekannt
Blütenfarbe:	kupferfarbenes Gelb mit Variationen in der Blütezeit
Blütenform:	kelch-, schalenförmig
Stand der Blüte:	schwimmend
Öffnungszeit der Blüte:	normal, von der Witterung abhängig
Blattoberseite:	Blattform rund bis oval, Blatteinschnitt weit geöffnet, grüner Blattaustrieb mit brauner Marmorierung
Blattunterseite:	rötlich-braun
Besonderheiten:	gute Zwergseerose, robuster als N. 'Chrysantha', liebt jedoch auch wärmeres Wasser

Nymphaea 'Gruß an Potsdam'

40-50-60 cm   ca. 17 cm

mittel   robust

ab 6 m²   mittel

ca. 10 cm   wenige

6-9   gut

Züchter:	Wachter 1996
Vermutete Zuchteltern:	unbekannt
Blütenfarbe:	rosa
Blütenform:	tulpenförmig
Stand der Blüte:	knapp über dem Wasser stehend
Öffnungszeit der Blüte:	variabel, ca. 9 bis 18 Uhr und länger
Blattoberseite:	Blattform rund, Blatteinschnitt leicht geöffnet, kleine Lappenspitzen, altes Blatt dunkelgrün
Blattunterseite:	rötlich
Besonderheiten:	interessante Neuzüchtung, jedoch selten im Handel

Nymphaea 'Helvola'

Züchter:	Latour-Marliac 1879
Vermutete Zuchteltern:	N. tetragona x N. mexicana
Blütenfarbe:	helles Gelb
Blütenform:	sternförmig
Stand der Blüte:	schwimmend
Öffnungszeit der Blüte:	öffnet wie N. tetragona spät, 11 bis 17 Uhr
Blattoberseite:	Blattform oval, Blatteinschnitt weit geöffnet, ohne Lappenspitzen, Blätter mit starker Marmorierung
Blattunterseite:	grün mit braunrotem Punktemuster
Besonderheiten:	teilwinterhart, muss im Winter auf 30 cm Wassertiefe abgesenkt werden, bisher kleinste Seerosensorte, Blütenreichtum von der Wassertemperatur abhängig

 15-20-25 cm
 6-8 cm

gering — gesund
 ab 1 m² — einfach

3-4 cm — viele

6-9 — gut-klasse

Nymphaea 'Hermine'

Züchter:	Latour-Marliac 1910
Vermutete Zuchteltern:	unbekannt
Blütenfarbe:	weiß
Blütenform:	tassenförmig
Stand der Blüte:	schwimmend
Öffnungszeit der Blüte:	normal, ca. 10 bis 18 Uhr
Blattoberseite:	Blattform rund, Blatteinschnitt geöffnet, Blattrand gewellt, Blattfarbe grün
Blattunterseite:	grün, heller als die Blattoberseite
Besonderheiten:	wird häufig mit N. 'Hever White' verwechselt, aber N. 'Hermine' öffnet die Blüten nicht ganz

 40-50-80 cm
 18-20 cm

mittel-stark — robust

ab 6 m² — mittel

ca.12 cm — einige

6-10 — gut

Nymphaea 'Hever White'

50-60-120 cm

22-25 cm

stark

robust

ab 9 m²

mittel

ca. 16 cm

viele

4-9

gut

Züchter:	Astor 1937
Vermutete Zuchteltern:	unbekannt
Blütenfarbe:	weiß
Blütenform:	sternförmig
Stand der Blüte:	schwimmend
Öffnungszeit der Blüte:	normal, ca. 10 bis 18 Uhr
Blattoberseite:	Blattform oval, Blatteinschnitt geöffnet, Blattfarbe grün ohne Muster, Blattrand gewellt
Blattunterseite:	grün, heller als die Blattoberseite
Besonderheiten:	blüht früh im Jahr, wird häufig mit N. 'Hermine' verwechselt; N. 'Hever White' ist größer und starkwüchsiger

Nymphaea 'Highlight'

40-50-60 cm

ca. 20 cm

mittel

gesund

ab 6 m²

normal

10-12 cm

einige

6-9

gut-klasse

Züchter:	Strawn 1998
Vermutete Zuchteltern:	N. 'Nigel' x N. mexicana
Blütenfarbe:	weiß, innere Blütenblätter helles Gelb
Blütenform:	schalenförmig
Stand der Blüte:	knapp über dem Wasser stehend
Öffnungszeit der Blüte:	ca. 10 bis 18 Uhr
Blattoberseite:	Blattform oval, Blatteinschnitt weit geöffnet, schwache Lappenspitzen, Blattfarbe dunkelgrün, braunes Muster im jungen Blatt
Blattunterseite:	grün-rötlich
Besonderheiten:	schöne Neuzüchtung mit starkem Duft

Nymphaea 'Inner Light'

Züchter:	Strawn 1997
Vermutete Zuchteltern:	N. 'Nigel' x N. mexicana
Blütenfarbe:	helles Gelb, zur Blütenbasis helles Gelbrosa
Blütenform:	schalenförmig
Stand der Blüte:	über dem Wasser stehend
Öffnungszeit der Blüte:	ca. 10 bis 18 Uhr
Blattoberseite:	Blattform rund, Blatteinschnitt teilweise überlappt, Blattfarbe dunkelgrün mit Marmorierung
Blattunterseite:	rötlich-braun
Besonderheiten:	schöne, duftende Neuzüchtung, die auch in Europa mit guten Eigenschaften immer mehr Freunde gewinnt

 30-35-40 cm 15-20 cm
 mittel gesund
 ab 4 m² normal
 12-14 cm wenige
 o. Angabe o. Angabe

Nymphaea 'J.C.N. Forestier' Syn., fraglich N. 'Comanche'

Züchter:	unbekannt; N. 'Comanche' Latour-Marliac 1910
Vermutete Zuchteltern:	unbekannt
Blütenfarbe:	helles Rosa mit gelben Anteilen, zur Blütenbasis intensiver
Blütenform:	kelch-, sternförmig
Stand der Blüte:	über dem Wasser
Öffnungszeit der Blüte:	normal, von der Witterung abhängig
Blattoberseite:	Blattform rund-oval, Blatteinschnitt geöffnet, Lappenspitzen ausgebildet, Blattfarbe grün
Blattunterseite:	grün mit braunem Punktemuster
Besonderheiten:	die Angaben beziehen sich auf N. 'J.C.N. Forestier', die nach dieser Beschreibung nicht mit der sehr empfindlichen N. 'Comanche' identisch ist

 25-30-40 cm 12-14 cm
 mittel gesund (-)
 ab 3 m² mittel
 8-10 cm wenige
 6-9 gut

Nymphaea 'James Brydon'

25-40-60 cm

16-18 cm

mittel

robust

ab 3 m²

einfach

8-10 cm

viele

5-9

klasse

Züchter:	Dreer 1899
Vermutete Zuchteltern:	unbekannt
Blütenfarbe:	kirschrot
Blütenform:	kugelförmig
Stand der Blüte:	schwimmend
Öffnungszeit der Blüte:	normal, ca. 10 bis 18 Uhr
Blattoberseite:	Blattform rund, Blatteinschnitt überdeckt, ohne Lappenspitzen, Blattaustrieb rötlich mit leichtem Muster; altes Blatt rotgrün
Blattunterseite:	rötlich gefärbt
Besonderheiten:	altbewährte, anpassungsfähige und reichblütige Standartdsorte

Nymphaea 'James Brydon' ▶

Nymphaea 'Jean de la Marsalle'

35-45-60cm

20-24 cm

mittel

robust

ab 6 m²

mittel

12-14 cm

wenige

5-9

normal-gut

Züchter:	Gärtnerei Latour-Marliac 1936
Vermutete Zuchteltern:	unbekannt
Blütenfarbe:	dunkelrosa
Blütenform:	schalen-, sternförmig
Stand der Blüte:	schwimmend
Öffnungszeit der Blüte:	normal, ca. 10 bis 18 Uhr
Blattoberseite:	Blattform rund, Blatteinschnitt teilweise überdeckt, kleine Lappenspitzen, Blattfarbe grün
Blattunterseite:	grün
Besonderheiten:	seltene Sorte

Nymphaea 'Jessica'

40-60-80 cm

ca. 20 cm

mittel

gesund

ab 3 m²

schwer

ca. 10 cm

wenige

5-9

gut

Züchter:	Weber 2003
Vermutete Zuchteltern:	unbekannt
Blütenfarbe:	leuchtendes, helles Rosa
Blütenform:	rund
Stand der Blüte:	schwimmend oder etwas über der Wasseroberfläche stehend
Öffnungszeit der Blüte:	mittel, bleibt bis etwa 18 Uhr offen
Blattoberseite:	Blattform rund, Blatteinschnitt schmal, deutliche Lappenspitzen, Blattaustrieb rötlich später rötlich grün, Blätter ohne Farbmuster
Blattunterseite:	rötlich bis bräunlich gefärbt
Besonderheiten:	mittelgroße Blüten ohne sichtbare Nervatur mit Ausnahme der Kronblätter

Nymphaea 'Joanne Pring'

25-30-35 cm

12-14 cm

gering

robust (-)

ab 1 m²

mittel

6-8 cm

wenige

5-9

normal

Züchter:	Pring 1942
Vermutete Zuchteltern:	Mutation aus *N. tetragona*
Blütenfarbe:	helles Karminrot
Blütenform:	tassen-, schalenförmig
Stand der Blüte:	knapp über dem Wasser
Öffnungszeit der Blüte:	öffnet spät am Tag, ca. 11 bis 18 Uhr
Blattoberseite:	Blattform oval-länglich, Blatteinschnitt sehr weit geöffnet, Blattaustrieb rötlich mit braunem Fleckenmuster, altes Blatt dunkelgrün mit schwachem Muster
Blattunterseite:	grün, leicht rötlich gefärbt
Besonderheiten:	seltene kleine Seerose, Erfahrungen sind unterschiedlich und vom Klima abhängig

Nymphaea 'Joey Tomocik'

Züchter:	Strawn 1993
Vermutete Zuchteltern:	N. odorata x N. mexicana
Blütenfarbe:	intensiv gelb
Blütenform:	sternförmig
Stand der Blüte:	über dem Wasser stehend
Öffnungszeit der Blüte:	normal, ca. 10 bis 18 Uhr
Blattoberseite:	Blattform rund, Blatteinschnitt leicht geöffnet, deutliche Lappenspitzen, grünes Blatt mit schwachem braunem Muster im Blattrand
Blattunterseite:	dunkelrot mit Muster
Besonderheiten:	gute Neuzüchtung in kräftigem Gelb, Blütenreichtum vom Klima abhängig

 30-35-40 cm
 12-14 cm
 mittel
 gesund
 ab 3 m²
 mittel
 9-11 cm
 einige
6-9
gut-klasse

Nymphaea 'Juchhu'

Züchter:	Bechthold 2000
Vermutete Zuchteltern:	N. 'Perry's Fire Opal' x N. 'Wow'
Blütenfarbe:	intensives Rosa
Blütenform:	schalenförmig
Stand der Blüte:	schwimmend
Öffnungszeit der Blüte:	ca. 10 bis 19 Uhr, zeitweise länger
Blattoberseite:	Blattform rund, Blatteinschnitt weit geöffnet, deutliche Lappenspitzen, Blattaustrieb rötlich, altes Blatt grün mit rötlichem Rand
Blattunterseite:	intensiv rötlich gefärbt
Besonderheiten:	markante Blütenmitte mit hohen Staubblättern

 25-35-40 cm
 ca. 14 cm
 mittel-gering
 gesund
 ab 3 m²
 einfach
 ca. 10 cm
 ab ca. 2007
5-9
o. Angabe

Nymphaea 'Karl Epple'

35-40-50 cm | 25-30 cm

mittel | gesund

ab 9 m² | mittel

8-10 cm | einige

6-9 | normal-gut

Züchter:	Epple 1972
Vermutete Zuchteltern:	unbekannt
Blütenfarbe:	rosa
Blütenform:	tassen-, schalenförmig
Stand der Blüte:	knapp über dem Wasser
Öffnungszeit der Blüte:	normal, ca. 10 bis 18 Uhr
Blattoberseite:	Blattform rund, Blatteinschnitt leicht geöffnet, kleine Lappenspitzen, Blattfarbe grün, zum Rand rötlich
Blattunterseite:	rötlich
Besonderheiten:	starker Duft

Nymphaea 'Kleiner Muck'

25-30-35 cm | 12-16 cm

gering | robust

ab 2 m² | einfach

8-10 cm | ab ca. 2007

5-9 | o. Angabe

Züchter:	Bechthold 1999
Vermutete Zuchteltern:	*N. candida* x *N.* 'Rose Arey'
Blütenfarbe:	im Aufblühen rosa, dann zu weiß wechselnd
Blütenform:	kelch-, schalenförmig
Stand der Blüte:	schwimmend
Öffnungszeit der Blüte:	ca. 10 bis 18 Uhr
Blattoberseite:	Blattform rund, Blatteinschnitt überdeckt bis geöffnet, kleine Lappenspitzen, Blattaustrieb rötlich, altes Blatt grün mit rötlichem Rand
Blattunterseite:	braunrot gefärbt
Besonderheiten:	blüht reich als eine der ersten Sorten im Jahr, gute Nachblüte im Spätsommer, für Halbschatten geeignet, traditionelle Blütenform für naturhafte Wassergärten, steril

Nymphaea 'Lactea'

Züchter:	Latour-Marliac 1907
Vermutete Zuchteltern:	unbekannt
Blütenfarbe:	reinweiß bis zart rosafarben, nach einigen Tagen elfenbeinweiß
Blütenform:	tassenförmig, sehr breite Blütenblätter
Stand der Blüte:	schwimmend
Öffnungszeit der Blüte:	normal, ca. 10 bis 18 Uhr
Blattoberseite:	Blattform oval, v-förmiger Einschnitt, Rand gekräuselt, mittelgrün mit rotem Ansatz
Blattunterseite:	grün mit rotem Rand
Besonderheiten:	schwachwüchsig, daher auch für Kübel geeignet; leider sehr anfällig für Kronenfäule

20-40-60 cm | 17-22 cm
gering | anfällig
ab 1 m² | einfach
10 cm | wenige
6-9 | normal-Vorsicht

Nymphaea 'Lampion'

Züchter:	Bechthold 2002
Vermutete Zuchteltern:	Zufallssämling aus N. 'Potzblitz'
Blütenfarbe:	im Aufblühen hell-rosa, ältere Blüten cremefarben
Blütenform:	schalenförmig
Stand der Blüte:	schwimmend
Öffnungszeit der Blüte:	ca. 10 bis 19 Uhr, zeitweise länger
Blattoberseite:	Blattform rund, Blatteinschnitt sehr weit geöffnet, Lappenspitzen kaum ausgeprägt, Blattaustrieb rötlich, altes Blatt grün
Blattunterseite:	rötlich gefärbt
Besonderheiten:	lange Öffnungszeit, genauere Eigenschaften müssen noch überprüft werden

25-30-35 cm | ca. 15 cm
mittel | gesund
ab 3 m² | einfach
ca. 12 cm | ab ca. 2007
5-9 | o. Angabe

Nymphaea 'Laydekeri Fulgens'

30-35-40 cm | 16-18 cm
gering-mittel | gesund
ab 6 m² | mittel
ca. 10 cm | einige
6-9 | gut

Züchter:	Latour-Marliac 1895
Vermutete Zuchteltern:	unbekannt
Blütenfarbe:	leuchtend karminrot, nach außen etwas heller
Blütenform:	schalen-, sternförmig
Stand der Blüte:	knapp über dem Wasser
Öffnungszeit der Blüte:	normal, ca. 10 bis 18 Uhr
Blattoberseite:	Blattform rund-oval, Blatteinschnitt geöffnet, kleine Lappenspitzen, Blatt dunkelgrün mit schwachem Muster, altes Blatt grün ohne Muster
Blattunterseite:	bräunlich
Besonderheiten:	schöne, kleinere Seerose mit markanter Farbe, liebt wärmeres Wasser

Nymphaea 'Laydekeri Lilacea'

25-25-40 cm | ca. 10 cm
gering-mittel | gesund
ab 2 m² | schwierig
4-7 cm | viele
7-9 | gut

Züchter:	Latour-Marliac 1893
Vermutete Zuchteltern:	unbekannt
Blütenfarbe:	innen karminrot, außen rosa, Blüte dunkelt nach
Blütenform:	schalenförmig
Stand der Blüte:	knapp über dem Wasser
Öffnungszeit der Blüte:	normal, ca. 10 bis 18 Uhr
Blattoberseite:	Blattform rund, Blatteinschnitt weit geöffnet, kleine Lappenspitzen, Blatt dunkelgrün mit Muster, altes Blatt grün ohne Muster
Blattunterseite:	grün mit rötlichem Rand
Besonderheiten:	selten echt im Handel, Verwechslungsgefahr, liebt wärmeres Wasser, nach Rosen duftend

Nymphaea 'Laydekeri Purpurata'

Züchter:	Latour-Marliac 1894
Vermutete Zuchteltern:	unbekannt
Blütenfarbe:	karminrosa, nach außen etwas heller
Blütenform:	schalenförmig
Stand der Blüte:	schwimmend bis über dem Wasser
Öffnungszeit der Blüte:	normal, ca. 10 bis 18 Uhr
Blattoberseite:	Blattform rund, Blatteinschnitt weit geöffnet, kleine Lappenspitzen, Blatt dunkelgrün mit Muster, altes Blatt grün ohne Muster
Blattunterseite:	grün-rötlich
Besonderheiten:	Verwechslungsgefahr mit *N.* 'Laydekeri Lilacea'

 25-35-40 cm 12-14 cm
 gering-mittel gesund
 ab 3 m² schwierig
 6-8 cm viele
6-9 gut

Nymphaea 'Laydekeri Rosea Prolifera'

Züchter:	Latour-Marliac um 1900
Vermutete Zuchteltern:	unbekannt
Blütenfarbe:	helles Rosarot, später zu hellem Karminrot wechselnd
Blütenform:	kugelförmig bis tassenförmig
Stand der Blüte:	schwimmend
Öffnungszeit der Blüte:	normal, ca. 10 bis 18 Uhr
Blattoberseite:	Blattform rund, Blattrand leicht gewellt, Blatteinschnitt sehr weit geöffnet, deutliche Lappenspitzen, Blattaustrieb braun-rötlich mit Muster, altes Blatt grün mit Muster
Blattunterseite:	rötlich
Besonderheiten:	sehr reich blühende Seerose, nur langsame Vermehrbarkeit, leider selten im Handel

 30-40-50 cm 14-16 cm
 gering  robust
ab 6 m² mittel
 ca. 10 cm wenige
 5-9 klasse

Nymphaea 'Laydekeri Rosea'

20-40-60 cm

17-22 cm

gering

gesund

ab 1 m²

einfach

6-10 cm

wenige

6-9

normal

Züchter:	Latour-Marliac 1907
Vermutete Zuchteltern:	unbekannt
Blütenfarbe:	dunkles Rosa mit helleren Blütenblattspitzen
Blütenform:	breite, spitz zulaufende Blütenblätter
Stand der Blüte:	schwimmend
Öffnungszeit der Blüte:	normal, ca. 10 bis 18 Uhr
Blattoberseite:	Blattform rund, Blatteinschnitt geöffnet, grünlich bis purpurfarben, gelegentlich schwarzbraun marmoriert
Blattunterseite:	braun
Besonderheiten:	wenig ausbreitungsstark und schwachwüchsig, daher auch für Kübel geeignet; nährstoffreicher Boden führt zu größeren Blüten

Nymphaea 'Lemon Chiffon'

25-30-40 cm

12-15 cm

mittel

gesund

3 m²

normal

6-10 cm

wenige

o. Angabe

o. Angabe

Züchter:	Strawn 1993
Vermutete Zuchteltern:	N. 'Rembrandt' x N. mexicana
Blütenfarbe:	helles Gelb
Blütenform:	schalenförmig, wirkt gefüllt
Stand der Blüte:	über dem Wasser stehend
Öffnungszeit der Blüte:	ca. 10 bis 18 Uhr
Blattoberseite:	Blattform oval, Blatteinschnitt teilweise überlappt, Blattaustrieb bräunlich mit Marmorierung, altes Blatt grün mit Marmorierung
Blattunterseite:	rötlich-braun
Besonderheiten:	interessante kleinere Neuzüchtung

Nymphaea 'Lemon Mist'

Züchter:	Strawn 1997
Vermutete Zuchteltern:	N. 'Louise Villemarette' x N. mexicana
Blütenfarbe:	helles Gelb
Blütenform:	sternförmig
Stand der Blüte:	über dem Wasser stehend
Öffnungszeit der Blüte:	normal, ca. 10 bis 18 Uhr
Blattoberseite:	Blattform rund, Blatteinschnitt weit geöffnet, Blattfarbe grün
Blattunterseite:	rötlich
Besonderheiten:	duftende neue Sorte

 25-30-35 cm ca. 20 cm
 mittel gesund?
 ab 3 m² — mittel
ca. 10 cm — wenige
o. Angabe — o. Angabe

Nymphaea 'Liliput'

Züchter:	Bechthold 2001
Vermutete Zuchteltern:	Zufallssämling aus N. 'Rose Arey'
Blütenfarbe:	rosa
Blütenform:	sternförmig
Stand der Blüte:	schwimmend
Öffnungszeit der Blüte:	ca. 10 bis 18 Uhr, zeitweise länger
Blattoberseite:	Blattform oval, Blatteinschnitt leicht geöffnet, kleine Lappenspitzen, Blattaustrieb rötlich, altes Blatt dunkelgrün
Blattunterseite:	braunrot gefärbt
Besonderheiten:	kleine, fruchtende Seerosensorte

 20-25-30 cm 10-12 cm
 gering — robust
 ab 1 m² einfach
 5-6 cm ab ca. 2007
 6-9 o. Angabe

Nymphaea 'Lilofee'

25-30-40 cm — 14-16 cm

mittel — gesund

ab 6 m² — mittel

ca. 12 cm — ab ca. 2008

7-9 — o. Angabe

Züchter:	Bechthold 2000
Vermutete Zuchteltern:	*N.* 'Rose Arey' x *N.* 'Perry's Fire Opal'
Blütenfarbe:	intensives, dunkles Rosa
Blütenform:	schalen-, sternförmig
Stand der Blüte:	knapp über dem Wasser
Öffnungszeit der Blüte:	ca. 10 bis 19 Uhr
Blattoberseite:	Blattform rund, Blatteinschnitt weit geöffnet, kleine Lappenspitzen, Blattaustrieb rötlich, altes Blatt grün
Blattunterseite:	rötlich gefärbt
Besonderheiten:	im Hochsommer sehr reich blühend

Nymphaea 'Lily Pons'

30-40-50 cm — 20-22 cm

mittel — gesund (-)

ab 6 m² — einfach

ca. 14 cm — wenige

7-8 — gut-klasse

Züchter:	Perry's Water Gardens 1992
Vermutete Zuchteltern:	*N.* 'Perry's Fire Opal' x *N.* 'Gloire du Temple-sur-Lot'
Blütenfarbe:	helles Rosa
Blütenform:	stark gefüllt, chrysanthemenartig
Stand der Blüte:	schwimmend
Öffnungszeit der Blüte:	temperaturabhängig
Blattoberseite:	Blattform rund, Blatteinschnitt geöffnet, kleine Lappenspitzen, rötlicher Blattaustrieb, ältere Blätter grün
Blattunterseite:	rötlich
Besonderheiten:	eine *N.* 'Gloire du Temple-sur-Lot' in hellem Rosa, liebt wärmeres Wasser und zeigt sich blütenreicher

Nymphaea 'Little Champion'

Züchter:	Slocum ca. 1994
Vermutete Zuchteltern:	unbekannt
Blütenfarbe:	dunkles Rot
Blütenform:	paeonienförmig, rund
Stand der Blüte:	schwimmend bis knapp über dem Wasser
Öffnungszeit der Blüte:	ca. 10 bis 18 Uhr
Blattoberseite:	Blattform rund, Blatteinschnitt teilweise überdeckt, deutliche Lappenspitzen, Blattaustrieb rötlich, altes Blatt dunkelgrün
Blattunterseite:	rötlich bis bräunlich gefärbt
Besonderheiten:	Blüte wirkt gefüllt, in Europa noch recht unbekannte, aber interessante Sorte, bei sonnigem Wetter blütenreich

 25-30-40 cm 12-14 cm
 mittel gesund
 ab 3 m² mittel
ca. 8 cm wenige
5-9 gut-klasse

Nymphaea 'Little Sue'

Züchter:	Strawn 1993
Vermutete Zuchteltern:	unbekannt
Blütenfarbe:	gelbrötlich
Blütenform:	schalen-, sternförmig
Stand der Blüte:	schwimmend bis knapp über dem Wasser
Öffnungszeit der Blüte:	normal, ca. 10 bis 18 Uhr
Blattoberseite:	Blattform rund, Blatteinschnitt weit geöffnet, deutliche Lappenspitzen, grünes Blatt mit schwachem, braunem Muster, ältere Blätter ohne Muster
Blattunterseite:	grün mit Muster
Besonderheiten:	aktuelle Neuzüchtung in interessanter Farbe für wärmeres Wasser

 30-35-40 cm ca. 10 cm
 mittel gesund
 ab 2 m² einfach
 7-9 cm wenige
 o. Angabe o. Angabe

Nymphaea 'Louise Villemarette'

20-40-60 cm | 10-13 cm
mittel | gesund
ab 1 m² | einfach
6-8 cm cm | wenige
6-9 | normal

Züchter:	Strawn 1993
Vermutete Zuchteltern:	*N.* 'Peter Slocum' x *N.* 'Sunrise'
Blütenfarbe:	kräftiges Rosa
Blütenform:	schalenförmig, spitz zulaufende Blütenblätter
Stand der Blüte:	schwimmend
Öffnungszeit der Blüte:	lange, bis in den frühen Abend
Blattoberseite:	Blattform rund, Blatteinschnitt teilweise überdeckt, Blattaustrieb rötlich, altes Blatt grün
Blattunterseite:	rötlich braun
Besonderheiten:	kleinere Sorte, die in kleinen Teichen und Kübeln eine besondere Farbnote schafft

Nymphaea 'Lucida'

150-75-100 cm | 22 cm
groß | gesund
9 m² | mittel
19-23 cm | einige
6-9 | gut

Züchter:	Latour-Marliac 1894
Vermutete Zuchteltern:	unbekannt
Blütenfarbe:	innen purpurrot, nach außen hellrosa nachdunkelnd
Blütenform:	sternförmig, spitz zulaufende Blütenblätter
Stand der Blüte:	schwimmend
Öffnungszeit der Blüte:	normal, ca. 10 bis 18 Uhr
Blattoberseite:	Blattform rund, sehr starker V-förmiger Einschnitt, spitz auslaufende Blattlappen, junge Blätter grasgrün mit dunklen, länglichen Flecken, ältere Blätter dunkelbraun mit schwarzbraunen Flecken
Blattunterseite:	hellgrün mit vielen braunroten Flecken
Besonderheiten:	ähnlich zu *N.* 'Laydekeri rosea', auch als *N.* 'Laydekeri rosea' bezeichnet

Nymphaea 'Lusitania'

Züchter:	Gärtnerei Latour-Marliac 1912
Vermutete Zuchteltern:	unbekannt
Blütenfarbe:	intensiv rosa, im Verlauf heller
Blütenform:	tassen-, schalenförmig
Stand der Blüte:	über dem Wasser
Öffnungszeit der Blüte:	normal, ca. 10 bis 18 Uhr
Blattoberseite:	Blattform oval, Blatteinschnitt meist überdeckt, Blattrand gewellt, Lappenspitzen nicht ausgeprägt, Blattaustrieb rötlich, altes Blatt grün
Blattunterseite:	rötlich
Besonderheiten:	seltene Sorte

 40-50-60 cm 16-18 cm
 mittel gesund
 ab 9 m² mittel
 12-14 cm wenige
6-9 normal-gut

Nymphaea 'M. Evelyn Stetson'

Züchter:	Stetson sen. 1986
Vermutete Zuchteltern:	unbekannt
Blütenfarbe:	weiß mit hellgelb
Blütenform:	strahlenförmig
Stand der Blüte:	über dem Wasser stehend
Öffnungszeit der Blüte:	normal, ca. 10 bis 18 Uhr
Blattoberseite:	Blattform rund, Blatteinschnitt teilweise überlappt, schwach ausgebildete Lappenspitzen, Blattfarbe grün
Blattunterseite:	grün-rötlich
Besonderheiten:	duftend, auffallende Blütenform

  40-50-60 cm 16-18 cm
 mittel gesund
 ab 6 m² einfach
 ca. 12 cm   wenige
 6-9 gut

Nymphaea 'Madame Bory Latour-Marliac'

 40-60-80 cm
 20-22 cm
 mittel-stark
 robust
 ab 9 m²
 mittel
 14-16 cm
 wenige
 5-9
 gut

Züchter:	Gärtnerei Latour-Marliac 1936
Vermutete Zuchteltern:	unbekannt
Blütenfarbe:	helles Rosa
Blütenform:	schalen-, sternförmig
Stand der Blüte:	schwimmend
Öffnungszeit der Blüte:	normal, ca. 10 bis 18 Uhr
Blattoberseite:	Blattform rund, Blatteinschnitt geöffnet, Lappenspitzen schwach ausgeprägt, grünes Blatt
Blattunterseite:	grün
Besonderheiten:	robuste, seltene Sorte, leichter Duft

Nymphaea 'Madame Maurice Laydeker'

 30-40-50 cm
 ca. 20 cm
 mittel
 robust
 ab 6 m²
 mittel
 10-12 cm
 viele
 6-9
 gut

Züchter:	Gärtnerei Latour-Marliac 1936
Vermutete Zuchteltern:	unbekannt
Blütenfarbe:	rosarot
Blütenform:	schalenförmig
Stand der Blüte:	schwimmend
Öffnungszeit der Blüte:	normal, ca. 10 bis 18 Uhr
Blattoberseite:	Blattform rund, Blatteinschnitt geöffnet, schwach ausgeprägte Lappenspitzen, Blatt bräunlich-grün mit schwachem Muster, altes Blatt ohne Muster
Blattunterseite:	bräunlich
Besonderheiten:	verbreitete, gute Seerosenzüchtung, Verwechslungsgefahr mit *N.* 'Maurice Laydeker'

Nymphaea 'Madame Wilfon Gonnère'

Züchter:	Gärtnerei Latour-Marliac 1924
Vermutete Zuchteltern:	unbekannt
Blütenfarbe:	rosa
Blütenform:	gefüllt, chrysanthemenförmig
Stand der Blüte:	schwimmend
Öffnungszeit der Blüte:	normal, ca. 10 bis 18 Uhr
Blattoberseite:	Blattform rund, Blatteinschnitt überdeckt, deutliche Lappenspitzen, Blatt grün
Blattunterseite:	grün
Besonderheiten:	attraktive und beliebte ältere Züchtung mit vielen Blütenblättern

 35-45-60 cm 22-24 cm
 mittel robust
  ab 9 m² einfach
 12-14 cm viele
 6-9 gut

Nymphaea 'Mangala Ubol'

Züchter:	Nopchai Charnsilp 1997
Vermutete Zuchteltern:	unbekannt
Blütenfarbe:	gelb zu pfirsichfarben wechselnd
Blütenform:	schalenförmig
Stand der Blüte:	knapp über dem Wasser
Öffnungszeit der Blüte:	normal, ca. 10 bis 18 Uhr
Blattoberseite:	Blattform oval, Blatteinschnitt geöffnet, grünes Blatt mit braun-rötlicher Marmorierung, die später verblasst
Blattunterseite:	rötlich
Besonderheiten:	ganz neue Sorte, die in Amerika von der IWGS 2004 ausgezeichnet wurde, weitere Eigenschaften und Erfahrungen fehlen noch

 25-30-35 cm 20-22 cm
 mittel gesund?
 ab 3 m² mittel
 ca. 14 cm wenige
 o. Angabe o. Angabe

Nymphaea 'Marguerite Laplace'

50-70-100 cm — ca. 23 cm

mittel — gesund

ab 9 m² — mittel

16-18 cm — wenige

6-9 — normal

Züchter:	Latour-Marliac 1913
Vermutete Zuchteltern:	unbekannt
Blütenfarbe:	helles Rosa, außen rötlich abgesetzt, später verblassend
Blütenform:	tassenförmig, löffelförmige, breitere Blütenblätter
Stand der Blüte:	schwimmend
Öffnungszeit der Blüte:	normal, bis in den späten Nachmittag
Blattoberseite:	Blattform oval, kräftig grün, Blattlappen in der oberen Hälfte überlappend
Blattunterseite:	rötlich braun
Besonderheiten:	kräftig duftend

Nymphaea 'Maria'

50-70-100 cm — ca. 24 cm

mittel — gesund

ab 4 m² — mittel

15 cm — wenige

6-9 — gut

Züchter:	Protopapas 1991
Vermutete Zuchteltern:	unbekannt
Blütenfarbe:	innen gelb, außen apricotfarben, später ebenfalls gelb
Blütenform:	tassenförmig, längliche, zugespitzte Blütenblätter, gefüllt wirkend
Stand der Blüte:	bis zu 15 cm über der Wasseroberfläche
Öffnungszeit der Blüte:	lang, bis in den frühen Abend
Blattoberseite:	Blattform rund, grün mit mehr oder weniger starker braunroter Musterung
Blattunterseite:	rötlich grün mit feiner Musterung
Besonderheiten:	attraktive Sorte, eine der empfehlenswerten neuen gelben Sorten

Nymphaea 'Marliacea Albida'

Züchter:	Latour-Marliac 1880
Vermutete Zuchteltern:	unbekannt
Blütenfarbe:	weiß
Blütenform:	sternförmig
Stand der Blüte:	schwimmend
Öffnungszeit der Blüte:	normal, ca. 10 bis 18 Uhr
Blattoberseite:	Blattform oval, Blattrand gewellt, Blatteinschnitt weit geöffnet, Lappenspitzen schwach ausgeprägt, grünes Blatt
Blattunterseite:	grün
Besonderheiten:	die am weitesten verbreitete Seerose

 40-60-100 cm 25-28 cm
 stark robust
 ab 12 m² mittel
 12-14 cm viele
 5-9 gut

Nymphaea 'Marliacea Carnea'

Züchter:	Latour-Marliac 1887
Vermutete Zuchteltern:	unbekannt
Blütenfarbe:	weiß, am ersten Blütentag leicht rosa
Blütenform:	sternförmig
Stand der Blüte:	schwimmend bis knapp über dem Wasser
Öffnungszeit der Blüte:	normal, ca. 10 bis 18 Uhr
Blattoberseite:	Blattform rund, Blatteinschnitt geöffnet, Lappenspitzen schwach ausgeprägt, dunkelgrünes Blatt
Blattunterseite:	bräunlich
Besonderheiten:	gute Schnittblume

 50-60-120 cm ca. 25 cm
 stark robust
 ab 12 m² mittel
 ca. 16 cm viele
 5-9 gut

Nymphaea 'Marliacea Carnea'

Nymphaea 'Marliacea Chromatella'

Nymphaea 'Marliacea Chromatella'

40-60-80 cm — 18-22 cm

mittel-stark — gesund (-)

ab 9 m² — mittel

12-14 cm — viele

5-9 — normal

Züchter:	Latour-Marliac 1877
Vermutete Zuchteltern:	*N. alba* x *N. mexicana*
Blütenfarbe:	helles, blasses Gelb
Blütenform:	sternförmig
Stand der Blüte:	meist knapp über dem Wasser stehend
Öffnungszeit der Blüte:	normal, ca. 10 bis 18 Uhr
Blattoberseite:	Blattform rund, Blattrand gewellt, Blatteinschnitt geöffnet, deutliche Lappenspitzen, grünes Blatt mit einem zentrifugalen braunem Muster, das später verblasst
Blattunterseite:	grün mit rotbraunem Punktemuster
Besonderheiten:	anpassungsfähige alte Standardsorte, erste farbige Züchtung, neuere gelbe Sorten sind attraktiver

Nymphaea 'Marliacea Flammea'

40-50-60 cm — ca. 20 cm

mittel — robust (-)

ab 6 m² — einfach

12-14 cm — wenige

5-9 — gut

Züchter:	Latour-Marliac 1894
Vermutete Zuchteltern:	unbekannt
Blütenfarbe:	dunkles Rot, außen heller
Blütenform:	sternförmig
Stand der Blüte:	schwimmend oder knapp über dem Wasser stehend
Öffnungszeit der Blüte:	normal, ca. 10 bis 18 Uhr
Blattoberseite:	Blattform oval, Blatteinschnitt weit geöffnet, grünes Blatt mit starker Marmorierung, die später blasser wird
Blattunterseite:	intensiv rot
Besonderheiten:	alte Sorte, ansprechende Blütenfarbe, liebt wärmeres Wasser

Nymphaea 'Marliacea Rosea'

Züchter:	Latour-Marliac um 1887
Vermutete Zuchteltern:	*N. alba* x *N. alba* var. *rubra*
Blütenfarbe:	sehr helles Rosa, an der Blütenblattbasis intensiver
Blütenform:	sternförmig
Stand der Blüte:	schwimmend oder knapp über dem Wasser stehend
Öffnungszeit der Blüte:	normal, ca. 10 bis 18 Uhr
Blattoberseite:	Blattform rund, Blattrand gewellt, Blatteinschnitt weit geöffnet, Lappenspitzen schwach ausgeprägt, grünes Blatt
Blattunterseite:	grün bis rötlich
Besonderheiten:	robuste alte Standardsorte, erste Seerosenzüchtung im hellen Rosa

 40-60-100 cm 25-30 cm
 stark robust
 ab 12 m² mittel
 16-18 cm viele
 5-9 gut

Nymphaea 'Mary'

Züchter:	Strawn 1993
Vermutete Zuchteltern:	ein Elternteil *N.*'Rembrandt'
Blütenfarbe:	rosa, innere Blütenblätter rötlich, wirkt zweifarbig
Blütenform:	tassen-, schalenförmig
Stand der Blüte:	schwimmend
Öffnungszeit der Blüte:	ca. 10 bis 19 Uhr
Blattoberseite:	Blattform rund, Blatteinschnitt geöffnet, deutliche Lappenspitzen, Blattaustrieb rötlich, ältere Blätter dunkelgrün
Blattunterseite:	rot
Besonderheiten:	extravagante Blütenform und Blütenfarbe, leider nicht sehr blütenreich

 40-35-40 cm ca. 22 cm
 mittel  gesund
 ab 6 m² einfach
 10-12 cm wenige
 6-9 normal-gut

Nymphaea 'Masaniello'

35-45-60 cm

18-24 cm

mittel-stark

robust

ab 9 m²

mittel

14-16 cm

viele

4-9

gut-klasse

Züchter:	Latour-Marliac 1908
Vermutete Zuchteltern:	unbekannt
Blütenfarbe:	dunkles Rosa, zur Blütenmitte karmin gefärbt
Blütenform:	weit geöffnet, Blütenblätter in Löffelform
Stand der Blüte:	schwimmend
Öffnungszeit der Blüte:	normal, ca. 10 bis 18 Uhr
Blattoberseite:	Blattform oval, Blattrand gewellt, Blatteinschnitt überdeckt, deutliche Lappenspitzen, Blattaustrieb braun-rötlich, später grün
Blattunterseite:	grün, leicht rötlich gefärbt
Besonderheiten:	sehr anpassungsfähige und ausdauernd blühende Standardsorte, die *N.* 'Mrs. Richmond' gleicht

Nymphaea 'Maurice Laydeker'

25-35-50 cm

14-16 cm

gering-mittel

robust

ab 3 m²

mittel

8-10 cm

viele

5-9

klasse

Züchter:	Gärtnerei Latour-Marliac 1927
Vermutete Zuchteltern:	unbekannt
Blütenfarbe:	dunkles Rosarot später zu hellem Karminrot wechselnd
Blütenform:	tassenförmig, Kelchblätter weiter geöffnet
Stand der Blüte:	schwimmend
Öffnungszeit der Blüte:	normal, ca. 10 bis 18 Uhr
Blattoberseite:	Blattform rund, Blattrand leicht gewellt, Blatteinschnitt weit geöffnet, deutliche Lappenspitzen, Blattaustrieb braun-rötlich mit Muster, altes Blatt bräunlich-grün ohne Blattmuster
Blattunterseite:	grün
Besonderheiten:	reich blühender Halbzwerg

Nymphaea 'Maxima' Syn. *N.* 'Tuberosa Maxima'

Züchter:	Richardson ca. 1880
Vermutete Zuchteltern:	unbekannt
Blütenfarbe:	weiß
Blütenform:	kugelig bis tassenförmig
Stand der Blüte:	schwimmend
Öffnungszeit der Blüte:	kurz, ca. 11 bis 16 Uhr
Blattoberseite:	Blattform rund, Blatteinschnitt geöffnet, Blattrand gewellt, Blattfarbe grün
Blattunterseite:	grün
Besonderheiten:	wird häufig als *N.* 'Richardsonii' angeboten, *N.* 'Maxima' besitzt jedoch weniger Blütenblätter (ca. 35) und ist nur wenige Stunden am Tag geöffnet

 60-80-120 cm 20-25 cm
  stark robust
 ab 12 m² schwer
 12 cm einige
 6-10 normal

Nymphaea Mayla'

Züchter:	Strawn 1993
Vermutete Zuchteltern:	*N.* 'Peter Slocum' x *N.* 'Fabiola'
Blütenfarbe:	fuchsienrosa
Blütenform:	schalen-, sternförmig, Blüte wirkt gefüllt
Stand der Blüte:	schwimmend bis knapp über dem Wasser
Öffnungszeit der Blüte:	ca. 10 bis 19 Uhr
Blattoberseite:	Blattform rund, Blatteinschnitt teilweise geöffnet, Lappenspitzen schwach ausgeprägt, Blattaustrieb rötlich, ältere Blätter grün
Blattunterseite:	rötlich
Besonderheiten:	in Amerika gefragte neue Sorte für große Gartenteiche, in kühlerem Klima weniger blütenreich

 40-50-60 cm 20-25 cm
 mittel-stark gesund
 ab 9 m² einfach
  12-14 cm wenige
  6-9 normal-gut

Nymphaea 'Meteor', Syn. *N.* 'Rembrandt'

Züchter:	Latour-Marliac ca. 1909
Vermutete Zuchteltern:	unbekannt
Blütenfarbe:	kirschrot
Blütenform:	tassenförmig
Stand der Blüte:	schwimmend
Öffnungszeit der Blüte:	normal, ca. 10 bis 18 Uhr
Blattoberseite:	Blattform rund, Blatteinschnitt teilweise überdeckt, kleine Lappenspitzen, Blattfarbe dunkelgrün
Blattunterseite:	hellgrün
Besonderheiten:	diese fruchtende Sorte soll mit *N.* 'Rembrandt' identisch sein; angeblich wurde diese Sorte 1989 von einer holländischen Firma umgetauft

Nymphaea 'Michael Berthold'

Züchter:	Berthold 1997
Vermutete Zuchteltern:	aus *N.* 'Fritz Junge'
Blütenfarbe:	helles Rosa
Blütenform:	schalenförmig
Stand der Blüte:	schwimmend, bis knapp über dem Wasser
Öffnungszeit der Blüte:	zeitweise lang, ca. 10-19 Uhr
Blattoberseite:	Blattform oval, Blatteinschnitt weit geöffnet, Blattfarbe dunkelgrün
Blattunterseite:	rötlich gefärbt
Besonderheiten:	neue kleine Sorte, duftend

Nymphaea 'Meteor' ▶

Nymphaea 'Moorei'

40-50-60 cm

20-24 cm

stark

gesund

ab 9 m²

mittel

12-14 cm
wenige

7-9
normal (-)

Züchter:	Adelaide Botanic Gardens um 1900
Vermutete Zuchteltern:	N. alba x N. mexicana
Blütenfarbe:	helles Gelb
Blütenform:	tassen- bis sternförmig
Stand der Blüte:	meist knapp über dem Wasser stehend
Öffnungszeit der Blüte:	normal, ca. 10 bis 18 Uhr
Blattoberseite:	Blattform oval, Blatteinschnitt leicht geöffnet, ohne Lappenspitzen, grünes Blatt mit einem unregelmäßigen braunen Muster, das später verblasst
Blattunterseite:	grün mit braunen Punkten
Besonderheiten:	Verwechslungsgefahr mit N. 'Marliacea Chromatella', N. 'Moorei' ist blühfaul und besitzt nur Sammlerwert

Nymphaea 'Mrs. Richmond'

50-70-100 cm

ca. 26 cm

mittel

gesund

ab 9 m²

schwer

16-18 cm

wenige

6-9

gut

Züchter:	Latour-Marliac 1910
Vermutete Zuchteltern:	unbekannt
Blütenfarbe:	in der Mitte tiefrosa, nach außen hin heller werdend, rot gemasert
Blütenform:	tassenförmig, breite, Blütenblätter
Stand der Blüte:	schwimmend
Öffnungszeit der Blüte:	normal, ca. 10 bis 18 Uhr
Blattoberseite:	Blattform kreisrund, kaum eingeschnitten, dunkelgrün
Blattunterseite:	hellgrün
Besonderheiten:	durch Verwechslung bei Marliac wurden manchmal 'Fabiola' und 'Masaniello' als 'Mrs. Richmond' ausgeliefert, daher ist die Sortenbestimmung schwierig; braucht ihre Zeit, bis sie gut blüht

Nymphaea 'Murillo'

Züchter:	Latour-Marliac 1910
Vermutete Zuchteltern:	unbekannt
Blütenfarbe:	rosa, zur Blütenmitte rötlich
Blütenform:	tassenförmig
Stand der Blüte:	schwimmend
Öffnungszeit der Blüte:	normal, ca. 10 bis 18 Uhr
Blattoberseite:	Blattform oval, Blatteinschnitt weit geöffnet, ohne Lappenspitzen, dunkelgrünes Blatt
Blattunterseite:	rötlich, später grün
Besonderheiten:	gute Standardsorte, jedoch nur selten im Handel

 35-45-60 cm ca. 22 cm
 mittel robust
 ab 6 m² schwer
 ca. 10-12 cm wenige
5-9 gut

Nymphaea 'Neptune'

Züchter:	Latour-Marliac oder Gärtnerei Latour-Marliac 1914
Vermutete Zuchteltern:	unbekannt
Blütenfarbe:	rosarot, wirkt mehrfarbig
Blütenform:	tulpen- bis sternförmig
Stand der Blüte:	knapp über dem Wasser
Öffnungszeit der Blüte:	normal, ca. 10 bis 18 Uhr
Blattoberseite:	Blattform rund, Blatteinschnitt meist überdeckt, Lappenspitzen nicht ausgeprägt, Blatt rötlich-grün, Blattrand gewellt
Blattunterseite:	rötlich
Besonderheiten:	seltene aber attraktive Sorte, zeitweise blütenreich

 40-50-60 cm 25-28 cm
 mittel gesund
 ab 9 m² einfach
 ca. 14 cm wenige
 6-9 gut-klasse

Nymphaea 'Newton'

40-50-80 cm

ca. 25 cm

mittel-stark

robust

ab 9 m²

einfach

14-16 cm

einige

5-9

gut-klasse

Züchter:	Latour-Marliac 1910
Vermutete Zuchteltern:	unbekannt
Blütenfarbe:	zinnoberrosa bis rot
Blütenform:	schalen-, strahlenförmig
Stand der Blüte:	schwimmend bis knapp über dem Wasser
Öffnungszeit der Blüte:	normal, ca. 10 bis 18 Uhr
Blattoberseite:	Blattform oval, Blattrand gewellt, Blatteinschnitt weit geöffnet, Lappenspitzen schwach ausgeprägt, grünes Blatt, zum Rand rötlich
Blattunterseite:	hellgrün
Besonderheiten:	markantes und schönes Blütenbild, auch im Halbschatten blühend, zeitweise reich blühend

Nymphaea 'Nigel'

30-50-70 cm

ca. 18 cm

mittel

gesund

ab 3 m²

leicht

ca. 10 cm

wenige

5-9

gut-klasse

Züchter:	Kirk Strawn 1993
Vermutete Zuchteltern:	unbekannt
Blütenfarbe:	zuerst helles, dann sattes Rosa
Blütenform:	paeonienförmig, rund, gefüllt, mit herausragenden Staubblättern
Stand der Blüte:	schwimmend
Öffnungszeit der Blüte:	lange, bleibt zeitweise abends teilweise offen
Blattoberseite:	Blattform rund, Blattlappen leicht überlappend, kleine Lappenspitzen, Blattoberseite dunkelgrün
Blattunterseite:	grün mit rötlichem Schimmer
Besonderheiten:	stark duftend; die Blüten dunkeln mit der Öffnungszeit nach und werden erst hell, dann kräftiger rosa, auch für kleinere Teiche geeignet

Nymphaea 'Norma Gedye'

Züchter:	Gedye 1972
Vermutete Zuchteltern:	unbekannt
Blütenfarbe:	mittleres Rosa, zur Mitte hin dunkler werdend
Blütenform:	schalen-, sternförmig
Stand der Blüte:	deutlich über dem Wasserspiegel stehend
Öffnungszeit der Blüte:	lange, bleibt zeitweise abends teiloffen
Blattoberseite:	junge Blätter purpurfarben, ältere grün, leicht längliche Form, mit deutlichem, V-förmigem Einschnitt
Blattunterseite:	deutlich rot gefärbt
Besonderheiten:	leicht duftend, eine der wenigen australischen Sorten, die weltweite Verbreitung gefunden haben; außergewöhnlich große Blüten machen diese Sorte zu einer sehr attraktiven Erscheinung

 50-70-150 cm ca. 28 cm
 stark gesund
 ab 9 m² leicht
 ca. 18 cm wenige
5-9 gut-klasse

Nymphaea 'Odalisque'

Züchter:	Gärtnerei Latour-Marliac nach 1912
Vermutete Zuchteltern:	unbekannt
Blütenfarbe:	helles Rosa
Blütenform:	schalen-, sternförmig
Stand der Blüte:	knapp bis weit über dem Wasser
Öffnungszeit der Blüte:	ca. 10 bis 19 Uhr
Blattoberseite:	Blattform oval, Blatteinschnitt weit geöffnet, schwach ausgebildete Lappenspitzen, Blattfarbe grün
Blattunterseite:	rötlich
Besonderheiten:	robuste Odorata-Züchtung, Liebhaberpflanze

 40-50-60 cm 16-18 cm
 mittel robust
 ab 6 m² mittel
 12-14 cm wenige
 6-9 normal

Nymphaea 'Odorata Gigantea'

50-70-150 cm

ca. 30 cm

stark

normal

ab 7 m²

normal

ca 14 cm

wenige

6-9

normal

Züchter:	Tricker 1897
Vermutete Zuchteltern:	Auslese aus *N. odorata*
Blütenfarbe:	reinweiß bis leicht rosafarben
Blütenform:	kugel-, schalenförmig, äußere Blütenblätter deutlich verlängert
Stand der Blüte:	über dem Wasserspiegel stehend
Öffnungszeit der Blüte:	normal, ca. 10 bis 18 Uhr
Blattoberseite:	rund, Außenränder gewellt, Blatteinschnitt im oberen Drittel überlappend, satt grün
Blattunterseite:	etwas heller als die Oberseite
Besonderheiten:	Auslese aus *N. odorata*, deswegen gelegentlich nicht unter Sorten geführt; sehr wüchsig, nur für große Teiche geeignet, wie alle Odorata-Sorten mit starkem Duft

Nymphaea 'Oho'

25-30-40 cm

ca. 16 cm

mittel

gesund

ab 12 m²

mittel

ca. 12 cm

ab ca. 2006

6-9

o. Angabe

Züchter:	Bechthold 2000
Vermutete Zuchteltern:	*N.* 'Perry's Fire Opal' x *N.* 'Wow'
Blütenfarbe:	intensives, dunkles Rosarot
Blütenform:	paeonienförmig, wirkt gefüllt
Stand der Blüte:	schwimmend
Öffnungszeit der Blüte:	normal, ca. 10 bis 18 Uhr
Blattoberseite:	Blattform rund, Blatteinschnitt weit überdeckt, kleine Lappenspitzen, Blattaustrieb rötlich, altes Blatt grün
Blattunterseite:	rötlich gefärbt
Besonderheiten:	intensivere Blütenfarbe als bei *N.* 'Perry's Fire Opal'

Nymphaea 'Pam Bennet'

Züchter:	Gärtnerei Latour-Marliac 1993
Vermutete Zuchteltern:	Zufallssämling aus N. 'Paul Hariot'
Blütenfarbe:	am ersten Tag gelborange, später innen hellrot, nach außen deutlich aufhellend
Blütenform:	sternförmig
Stand der Blüte:	5 bis 10 cm über dem Wasserspiegel stehend
Öffnungszeit der Blüte:	normal, deutlich wetterabhängig
Blattoberseite:	Blattform oval, Blatteinschnitt weit geöffnet, Blattspitzen schwach ausgeprägt, dunkelgrün mit schwachem Muster
Blattunterseite:	hellgrün mit vielen dunklen Flecken
Besonderheiten:	nur wenig duftend, leider auch nicht sehr blütenreich

 40-60-80 cm — 14-16 cm
 mittel — gesund
 ab 6 m² — schwer
 12 cm — wenige
6-9 — gut

Nymphaea 'Patio Joe'

Züchter:	Strawn Züchtungsjahr unbekannt (ca. 1994)
Vermutete Zuchteltern:	unbekannt
Blütenfarbe:	rosa bis leicht pfirsichfarben
Blütenform:	schalen-, sternförmig
Stand der Blüte:	über dem Wasser
Öffnungszeit der Blüte:	normal, ca. 10 bis 18 Uhr
Blattoberseite:	Blattform oval, Blatteinschnitt geöffnet, keine Lappenspitzen, grünes Blatt, schwaches bräunliches Muster am jungen Blatt
Blattunterseite:	rötlich
Besonderheiten:	gute Winterhärte

 30-35-40 cm — 12-16 cm
  mittel — gesund
 ab 3 m² — mittel
 8-10 cm — wenige
 o. Angabe — o. Angabe

Nymphaea 'Pattern Ruby'

20-25-30 cm

10-12 cm

gesund

mittel

einfach

ab 2 m²

6-8 cm

ab ca. 2009

o. Angabe

o. Angabe

Züchter:	Bechthold 2002
Vermutete Zuchteltern:	N. 'Arc-en-Ciel' x N. 'Rotkäppchen'
Blütenfarbe:	Rot mit weißem Fleckenmuster, Musterung an den Außenseiten stärker
Blütenform:	kelch-, schalenförmig
Stand der Blüte:	schwimmend bis knapp über dem Wasser
Öffnungszeit der Blüte:	ca. 10 bis 18 Uhr
Blattoberseite:	Blattform breit, Blatteinschnitt sehr weit geöffnet, Blattrand gewellt, kleine Lappenspitzen, Blattfarbe bräunlich mit grünem 'Arc-en-Ciel'-Muster
Blattunterseite:	rötlich gefärbt
Besonderheiten:	zeigt ein bisher einmaliges Muster in der Blüte, liebt wärmeres Wasser, weitere Beobachtungen sind notwendig

Nymphaea 'Paul Hariot'

30-35-40 cm

ca. 12 cm

gering

anfällig

ab 3 m²

schwer

7-10 cm

einige

7-9

Vorsicht

Züchter:	Latour-Marliac 1905
Vermutete Zuchteltern:	unbekannt
Blütenfarbe:	gelb über orangefarben zu rötlichen Farbtönen, in der Blütenmitte wechselnd
Blütenform:	tassen- zu sternförmig wechselnd, Blüten nehmen an Größe zu
Stand der Blüte:	knapp über dem Wasser blühend
Öffnungszeit der Blüte:	von der Witterung abhängig
Blattoberseite:	Blattform oval, Blatteinschnitt geöffnet bis knapp überdeckt, Blattrand gewellt, deutliche Lappenspitzen, grünes Blatt mit schwacher Zeichnung
Blattunterseite:	grün mit braunen Flecken
Besonderheiten:	empfindliche Seerose mit interessantem Blatt- und Blütenbild für wärmeres Wasser

Nymphaea 'Peaches and Cream'

Züchter:	Slocum 1992
Vermutete Zuchteltern:	*N.* 'Texas Dawn' x *N.* 'Perry's Viviparous Pink'
Blütenfarbe:	außen pfirsichfarben, im Zentrum gelb
Blütenform:	stern-, strahlenförmig
Stand der Blüte:	weit über dem Wasser stehend
Öffnungszeit der Blüte:	ca. 10 bis 18 Uhr
Blattoberseite:	Blattform rund, Blatteinschnitt geöffnet, kleine Lappenspitzen, Blattaustrieb rötlich mit starkem Muster, ältere Blätter grün mit schwachem Muster
Blattunterseite:	rötlich mit starkem Muster
Besonderheiten:	gefragte neue Seerose für wärmeres Wasser, selten echt im Handel

 30-40-50 cm ca. 20 cm
 mittel gesund
 ab 6 m² schwer
 ca. 15 cm einige
 6-9 gut-klasse

Nymphaea 'Peachglow'

Züchter:	Strawn 1996
Vermutete Zuchteltern:	*N.* 'Rembrandt' x *N. mexicana*
Blütenfarbe:	pfirsichfarben, hellgelb im Zentrum, Blütenfarbe kann unterschiedlich ausfallen
Blütenform:	schalen-, sternförmig
Stand der Blüte:	über dem Wasser stehend
Öffnungszeit der Blüte:	normal, ca. 10 bis 18 Uhr
Blattoberseite:	Blattform rund, Blatteinschnitt geöffnet, schwach ausgebildete Lappenspitzen, Blattfarbe grün
Blattunterseite:	rötlich
Besonderheiten:	duftend, auffallende Blütenfarbe, eine bemerkenswerte Neuzüchtung

 30-35-40 cm 18-20 cm
 mittel gesund
 ab 3 m² schwierig
 10-12 cm wenige
 6-9 gut-klasse

Nymphaea 'Pearl of the Pool'

40-45-60cm

ca. 22 cm

mittel gesund

ab 6 m² mittel

12-14 cm wenige

5-9 normal-gut

Züchter:	Slocum 1946
Vermutete Zuchteltern:	N. 'Pink Opal' x N. 'Marliacea Rosea'
Blütenfarbe:	helles Rosa
Blütenform:	rund bis sternförmig, wirkt gefüllt
Stand der Blüte:	schwimmend
Öffnungszeit der Blüte:	zeitweise lang, bis ca. 20 Uhr
Blattoberseite:	Blattform rund, Blatteinschnitt geöffnet, Blattaustrieb rötlich, altes Blatt dunkelgrün
Blattunterseite:	hellgrün
Besonderheiten:	eine der ersten Slocum-Zuchtungen, im wärmeren Wasser reich blühend

Nymphaea 'Perry's Fire Opal'

25-35-50 cm ca. 20 cm

mittel gesund (-)

ab 4 m² einfach

ca. 12 cm einige

5-9 gut-klasse

Züchter:	Slocum 1987
Vermutete Zuchteltern:	N. 'Peter Slocum' x N. 'Director George T. Moore' (tropisch)
Blütenfarbe:	leuchtendes, dunkles Rosa
Blütenform:	paeonienförmig, rund, wirkt gefüllt
Stand der Blüte:	schwimmend
Öffnungszeit der Blüte:	lange, bleibt zeitweise abends teiloffen
Blattoberseite:	Blattform rund, Blatteinschnitt ganz überdeckt, deutliche Lappenspitzen, Blattaustrieb rötlich, altes Blatt dunkelgrün
Blattunterseite:	rötlich bis bräunlich gefärbt
Besonderheiten:	eine duftende und Samen bildende Seerose, liebt wärmeres Wasser

Nymphaea 'Perry's Baby Red'

Züchter:	Slocum 1989
Vermutete Zuchteltern:	N. 'Alba Plenissima' x N. 'Atropurpurea'
Blütenfarbe:	dunkles Rot
Blütenform:	paeonienförmig, rund
Stand der Blüte:	schwimmend
Öffnungszeit der Blüte:	lange, bleibt zeitweise abends teiloffen
Blattoberseite:	Blattform rund, Blatteinschnitt geöffnet, deutliche Lappenspitzen, Blattaustrieb rötlich, altes Blatt dunkelgrün
Blattunterseite:	rötlich bis bräunlich gefärbt
Besonderheiten:	Blüte wirkt gefüllt, gute kleine Neuzüchtung im warmen Wasser blütenreich

 25-30-35 cm 10-12 cm

 mittel gesund

 ab 2 m² mittel

 6-8 cm einige

5-9 gut-klasse

Nymphaea 'Perry's Crinkled Pink'

Züchter:	Slocum 1989
Vermutete Zuchteltern:	N. 'Gloire du Temple-sur-Lot' x N. ',Vesuve'
Blütenfarbe:	intensives, helles Rosa
Blütenform:	kelch-, schalenförmig
Stand der Blüte:	schwimmend
Öffnungszeit der Blüte:	ca. 10 bis 18 Uhr
Blattoberseite:	Blattform rund, Blatteinschnitt weit geöffnet, Lappenspitzen nicht ausgebildet, dunkelgrünes Blatt
Blattunterseite:	rotbraun gefärbt
Besonderheiten:	die Blütenblätter sind geknittert, Liebhabersorte

 30-40-50 cm 20-22 cm

mittel gesund

 ab 6 m² einfach

 ca. 12 cm wenige

 6-9 normal-gut

Nymphaea 'Perry's Baby Red'

Nymphaea 'Perry's Crinkled Pink'

Nymphaea 'Perry's Double White'

40-50-80 cm

ca. 16 cm

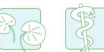
mittel

gesund

ab 6 m²

einfach

12-14 cm

einige

5-9

gut

Züchter:	Slocum 1990
Vermutete Zuchteltern:	Sämling aus *N.* 'Richardsonii'
Blütenfarbe:	weiß
Blütenform:	schalen-, sternförmig, gefüllt wirkend
Stand der Blüte:	schwimmend
Öffnungszeit der Blüte:	normal, ca. 10 bis 18 Uhr
Blattoberseite:	Blattform rund, Blatteinschnitt geöffnet, kleine Lappenspitzen, grünes Blatt
Blattunterseite:	hellgrün
Besonderheiten:	eine der besten weißen Seerosen

Nymphaea 'Perry's Magnificent'

30-40-50 cm

20-22 cm

mittel

gesund (-)

ab 6 m²

mittel

ca. 14 cm

wenige

6-9

gut

Züchter:	Slocum 1990
Vermutete Zuchteltern:	*N.* 'Perry's Pink' x *N.* 'Director George T. Moore' (tropisch)
Blütenfarbe:	intensives Rosarot
Blütenform:	schalen-, sternförmig, wirkt gefüllt
Stand der Blüte:	schwimmend bis knapp über dem Wasser
Öffnungszeit der Blüte:	ca. 10 bis 18 Uhr
Blattoberseite:	Blattform rund, Blatteinschnitt teilweise überlappt, Lappenspitzen nicht ausgebildet, grünes Blatt, im Austrieb bronzefarben
Blattunterseite:	rot gefärbt
Besonderheiten:	attraktive Blütenform und Blütenfarbe, liebt wärmeres Wasser

Nymphaea 'Perry's Pink Beauty'

Züchter:	Slocum 1989
Vermutete Zuchteltern:	unbekannt
Blütenfarbe:	helles Rosa
Blütenform:	tassen-, schalenförmig
Stand der Blüte:	schwimmend bis knapp über dem Wasser
Öffnungszeit der Blüte:	normal, ca. 9 bis 18 Uhr
Blattoberseite:	Blattform rund, Blatteinschnitt teilweise geöffnet, Lappenspitzen ausgebildet, Blattfarbe grün
Blattunterseite:	rötlich gefärbt
Besonderheiten:	gute Schnittblume

 30-40-50 cm
 ca. 20 cm
 mittel
 gesund
 ab 3 m²
 mittel
 10-12 cm
 einige
6-9
gut

Nymphaea 'Perry's Pink Bicolor'

Züchter:	Slocum 1989
Vermutete Zuchteltern:	*N. alba* x *N.* 'Fabiola'
Blütenfarbe:	helles Rosa, zur Blütenbasis intensives Rosa
Blütenform:	schalenförmig
Stand der Blüte:	schwimmend
Öffnungszeit der Blüte:	ca. 10 bis 18 Uhr
Blattoberseite:	Blattform rund, Blatteinschnitt leicht geöffnet, Blattfarbe grün
Blattunterseite:	rötlich gefärbt
Besonderheiten:	seltene Sorte, die Zweifarbigkeit kommt nur schwach zur Geltung

 35-40-60 cm
 ca. 23 cm
 mittel
 gesund
 ab 6 m²
 mittel
 12-14 cm
 wenige
 6-9 gut

Nymphaea 'Perry's Pink Delight'

30-35-40 cm

ca. 20 cm

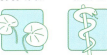
mittel

gesund?

ab 3 m²

mittel

12-14 cm

wenige

6-9

normal-gut

Züchter:	Slocum 1990
Vermutete Zuchteltern:	N. 'Colonel A.J. Welch' x N. 'Splendida'
Blütenfarbe:	intensives Rosa
Blütenform:	schalenförmig
Stand der Blüte:	schwimmend
Öffnungszeit der Blüte:	ca. 10 bis 18 Uhr
Blattoberseite:	Blattform rund, Blatteinschnitt weit geöffnet, ohne deutliche Lappenspitzen, Blattfarbe grün
Blattunterseite:	rötlich gefärbt
Besonderheiten:	seltene Sorte, normal

Nymphaea 'Perry's Pink'

50-70-100 cm

ca. 28 cm

mittel

normal

ab 5 m²

schwer

ca. 18 cm

wenige

6-9

normal-gut

Züchter:	Slocum 1984
Vermutete Zuchteltern:	Zufallssämling aus N. 'Rose Arey'
Blütenfarbe:	kräftiges Rosa
Blütenform:	paeonienförmig, wirkt deutlich gefüllt und hat bis 39 Blütenblätter
Stand der Blüte:	schwimmend oder leicht über dem Wasserspiegel stehend
Öffnungszeit der Blüte:	lange, kann bis in den frühen Abend blühen
Blattoberseite:	rund, ältere Blätter mit deutlichem Blatteinschnitt, junge Blätter purpurfarben, später grün
Blattunterseite:	erst purpurfarben, später rot
Besonderheiten:	ein Erkennungszeichen dieser Seerose ist ein kleiner roter Fleck in der Mitte der Narbe, der sich deutlich vom gelben Untergrund absetzt

Nymphaea 'Perry's Red Beauty'

Züchter:	Slocum 1989
Vermutete Zuchteltern:	eine der Eltern ist *N.* 'Vesuve'
Blütenfarbe:	dunkles Rot, während der Blütezeit nachdunkelnd
Blütenform:	rund, Blütenblätter deutlich spitz zulaufend
Stand der Blüte:	schwimmend
Öffnungszeit der Blüte:	lange, kann bis in den frühen Abend blühen
Blattoberseite:	oval, Einschnitt leicht im oberen Drittel überlappend, junge Blätter rotbraun, später grün
Blattunterseite:	rötlich
Besonderheiten:	eine sehr dunkle Sorte, die Blüten ähneln *N.* 'Newton', sind aber weniger perfekt geformt

 50-70-150 cm ca. 22x25 cm
 mittel normal
 ab 3 m² mittel
 ca. 18 cm — wenige
 6-9 cm — normal-gut

Nymphaea 'Perry's Red Bicolor'

Züchter:	Slocum 1989
Vermutete Zuchteltern:	eine der Eltern ist wahrscheinlich *N.* 'Vesuve'
Blütenfarbe:	die Blütenblätter sind innen kräftig rot und verlaufen nach außen zu einem kräftigen Rosa, besonders in den äußeren Blütenblättern
Blütenform:	rund, tassenförmig, mit eher rundlichen Blütenblättern
Stand der Blüte:	schwimmend
Öffnungszeit der Blüte:	lange, kann bis in den frühen Abend blühen
Blattoberseite:	fast rund, mit deutlichem Blatteinschnitt; grünes Blatt, mit einem deutlichen roten Fleck an der Blattwurzel, neue Blätter purpurfarben
Blattunterseite:	rot
Besonderheiten:	eine ungewöhnliche, schwach zweifarbige Sorte

 50-70-100 cm ca. 19 cm
 mittel — normal
 ab 3 m² — mittel
 ca. 15 cm — wenige
 6-9 gut

Nymphaea 'Perry's Red Glow'

25-35-50 cm

ca. 18 cm

gering

normal

ab 3 m²

mittel

ca. 10 cm

wenige

6-9

gut

Züchter:	Slocum 1989
Vermutete Zuchteltern:	Wahrscheinlich *N.* 'Alba Plenissima' x *N.* 'Atropurpurea'
Blütenfarbe:	kräftig rot, einschließlich der Kelchblätter, diese zeigen auch eine dunkelrote Nervatur
Blütenform:	rund, mit abgerundeten Blattenden, breite Blütenblätter
Stand der Blüte:	schwimmend
Öffnungszeit der Blüte:	lange, kann bis in den frühen Abend blühen
Blattoberseite:	herzförmig, deutliche Lappenspitzen; grünes Blatt, neue Blätter purpurfarben
Blattunterseite:	rot
Besonderheiten:	eine kräftig rot gefärbte Sorte mit leichtem Duft

Nymphaea 'Perry's Red Star'

50-70-100 cm

ca. 18 cm

mittel

normal

ab 6 m²

mittel

ca. 15 cm

wenige

6-9

gut

Züchter:	Slocum 1989
Vermutete Zuchteltern:	*N.* 'Vesuve' x *N.* 'Colonel A.J. Welch'
Blütenfarbe:	sattes Rot, nach außen hin heller, Kelchblätter rosa
Blütenform:	anfangs paeonienförmig, breitere Blütenblätter, nur wenig zugespitzt, später etwas schlanker und spitzer werdend
Stand der Blüte:	schwimmend
Öffnungszeit der Blüte:	lange, kann bis in den frühen Abend blühen
Blattoberseite:	rund, Blatteinschnitt geöffnet, sattes Grün, neue Blätter purpurfarben
Blattunterseite:	rötlich purpurfarben, später rot
Besonderheiten:	eine trotz ihrer attraktiven Farbe relativ selten angebotene Sorte

N. 'Perry's Red Wonder', Syn. *N.* 'Perry's Red Volunteer'

Züchter:	Slocum 1989
Vermutete Zuchteltern:	unbekannt
Blütenfarbe:	intensives Rot
Blütenform:	sternförmig
Stand der Blüte:	schwimmend
Öffnungszeit der Blüte:	normal, ca. 10 bis 18 Uhr
Blattoberseite:	Blattform rund, Blatteinschnitt weit geöffnet, Lappenspitzen schwach ausgebildet, Blattaustrieb rötlich, altes Blatt dunkelgrün
Blattunterseite:	rötlich bis bräunlich gefärbt
Besonderheiten:	im warmen Klima blütenreicher, gutes Verhältnis von Blatt- zu Blütengröße

 30-35-40 cm   16-18 cm
 mittel   gesund
  ab 3 m²   mittel
 12-14 cm   wenige
  6-9   gut

Nymphaea 'Perry's Stellar Red'

Züchter:	Slocum 1989
Vermutete Zuchteltern:	*N.* 'Richardsonii' x *N.* 'Charles de Meurville'
Blütenfarbe:	dunkles Rot, nach außen heller
Blütenform:	strahlenförmig
Stand der Blüte:	knapp über dem Wasser
Öffnungszeit der Blüte:	normal, ca. 10 bis 18 Uhr
Blattoberseite:	Blattform rund, Blatteinschnitt knapp überdeckt, Lappenspitzen nur schwach ausgebildet, grünes Blatt
Blattunterseite:	grün gefärbt
Besonderheiten:	sehr seltene Sorte

 50-60-80 cm   25-30 cm
 mittel-stark   gesund
 ab 9 m²   einfach
 ca. 16 cm   sehr wenige
 6-9   normal

Nymphaea 'Perry's Strawberry Pink'

30-50-70 cm — 18-24 cm

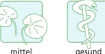
mittel — gesund

ab 6 m² — mittel

14 cm — wenige

6-9 — gut

Züchter:	Slocum 1989
Vermutete Zuchteltern:	*N. alba*-Typ mit *N.* 'Vesuve'
Blütenfarbe:	pink bis erdbeerfarben, nach außen aufhellend, fast weiße Kronblätter
Blütenform:	tassenförmig
Stand der Blüte:	schwimmend oder über dem Wasserspiegel stehend
Öffnungszeit der Blüte:	normal, bis in den späten Nachmittag
Blattoberseite:	Blattform rund, kaum eingeschnitten, Blattlappen zugespitzt, dunkelgrün
Blattunterseite:	hellgrün, anfangs purpur
Besonderheiten:	hat einen leichten, aber deutlichen Geruch nach sehr reifem Obst; blühfreudig und wegen der kleinen Blätter auch für kleinere Teiche geeignet

Nymphaea 'Perry's Super Red'

40-50-60 cm — 18-20 cm

mittel — gesund

ab 6 m² — einfach

12-14 cm — wenige

6-9 — gut-klasse

Züchter:	Slocum 1989
Vermutete Zuchteltern:	*N.* 'Charles de Meurville' x *N.* 'Gloire du Temple-sur-Lot'
Blütenfarbe:	intensives dunkles Rot, nach außen heller
Blütenform:	schalenförmig, stark gefüllt
Stand der Blüte:	schwimmend bis knapp über dem Wasser
Öffnungszeit der Blüte:	ca. 10 bis 18 Uhr
Blattoberseite:	Blattform rund, Blatteinschnitt teilweise überlappt, Lappenspitzen nur schwach ausgebildet, dunkelgrünes Blatt
Blattunterseite:	rötlich gefärbt
Besonderheiten:	attraktive Blütenform und Blütenfarbe, liebt wärmeres Wasser

Nymphaea 'Perry's Vivid Rose'

Züchter:	Slocum 1990
Vermutete Zuchteltern:	N. 'Perry's Pink' x N. 'Pamela' (tropisch)
Blütenfarbe:	intensives dunkles Rot, nach außen heller
Blütenform:	kelch-, schalenförmig
Stand der Blüte:	knapp über dem Wasser
Öffnungszeit der Blüte:	ca. 10 bis 18 Uhr
Blattoberseite:	Blattform rund, Blatteinschnitt geöffnet, deutliche Lappenspitzen, dunkelgrünes Blatt, im Austrieb rötlich
Blattunterseite:	braun-rötlich gefärbt
Besonderheiten:	liebt wärmeres Wasser, Blütenform stark vom Klima abhängig

 30-40-50 cm ca. 20 cm
 mittel gesund (-)
 ab 6 m² einfach
 12-14 cm wenige
6-9 normal-gut

Nymphaea 'Perry's Viviparous Pink'

Züchter:	Slocum 1990
Vermutete Zuchteltern:	N. 'Perry's Pink' x N. 'Colonel A.J. Welch'
Blütenfarbe:	intensives Rosa
Blütenform:	sternförmig
Stand der Blüte:	schwimmend
Öffnungszeit der Blüte:	ca. 9 bis 18 Uhr, zeitweise im Hochsommer kürzer
Blattoberseite:	Blattform rund, Blatteinschnitt geöffnet, Lappenspitzen deutlich ausgebildet, Blattaustrieb rötlich, altes Blatt dunkelgrün
Blattunterseite:	rötlich gefärbt
Besonderheiten:	im warmen Klima können sich an alten Blüten Ableger bilden, Liebhaberpflanze

 40-50-60 cm 20-25 cm
 mittel gesund
 ab 9 m² mittel
 ca. 15 cm wenige
 7-9   normal-gut

Nymphaea 'Perry's White Wonder'

25-35-50 cm   ca. 22 cm

mittel   gesund

ab 6 m²   mittel

10-12 cm   wenige

6-9   normal-gut

Züchter:	Slocum 1990
Vermutete Zuchteltern:	*N. alba* und *N. tetragona*
Blütenfarbe:	weiß
Blütenform:	tassen- bis schalenförmig
Stand der Blüte:	über dem Wasser stehend
Öffnungszeit der Blüte:	normal, ca. 10 bis 18 Uhr
Blattoberseite:	Blattform rund, Blatteinschnitt geöffnet, Blattfarbe grün
Blattunterseite:	rötlich gefärbt
Besonderheiten:	anpassungsfähige Sorte, nicht reich blühend

Nymphaea 'Perry's Wildfire'

30-40-50 cm   23-25 cm

mittel   gesund (-)

ab 6 m²   mittel

ca. 15 cm   wenige

7-9   gut

Züchter:	Slocum 1990
Vermutete Zuchteltern:	*N.* 'Perry's Pink' x *N.* 'Mrs. Martin E. Randing' (tropisch)
Blütenfarbe:	markantes Purpurrot
Blütenform:	sternförmig bis knapp über dem Wasser
Stand der Blüte:	schwimmend
Öffnungszeit der Blüte:	lang, ca. 9 bis 18 Uhr
Blattoberseite:	Blattform herzförmig, Blatteinschnitt teilweise geöffnet, Blattaustrieb dunkelrötlich, altes Blatt dunkelgrün
Blattunterseite:	rötlich gefärbt
Besonderheiten:	in Europa noch wenig verbreitete Sorte, liebt wärmeres Wasser, Winterhärte noch nicht in allen Gebieten erprobt

Nymphaea 'Peter Slocum'

Züchter:	Slocum 1984
Vermutete Zuchteltern:	Sämling von *N.* 'Pearl of the Pool'
Blütenfarbe:	helles Rosa
Blütenform:	schalenförmig, wirkt gefüllt
Stand der Blüte:	schwimmend bis knapp über dem Wasser
Öffnungszeit der Blüte:	ca. 10 bis 19 Uhr, zeitweise länger
Blattoberseite:	Blattform rund, Blatteinschnitt ganz überdeckt, kleine Lappenspitzen, Blattaustrieb rötlich, altes Blatt grün
Blattunterseite:	schwach rötlich gefärbt
Besonderheiten:	gute Schnittblume, eine duftende und Samen bildende Seerose, sehr anpassungsfähig an die Wassertiefe

 30-50-60 cm 22-25 cm
mittel-stark gesund (-)
ab 6 m² einfach
ca. 14 cm einige
5-9 gut-klasse

Nymphaea 'Philippe Laydeker'

Züchter:	Latour-Marliac Jahr unbekannt
Vermutete Zuchteltern:	unbekannt
Blütenfarbe:	kräftiges Weiß
Blütenform:	tassenförmig, breite, löffelförmige Blütenblätter
Stand der Blüte:	schwimmend
Öffnungszeit der Blüte:	normal, schließt gegen 17 Uhr
Blattoberseite:	fast kreisrund, erst in der oberen Hälfte überlappend, später mit leichtem Einschnitt, Blätter erst rotbraun, später grün
Blattunterseite:	purpurfarben bis rot
Besonderheiten:	reich blühend, aber wenig ausbreitungsstark mit langsamer Vermehrung, deswegen selten angeboten

25-35-50 cm ca. 19 cm
gering normal
ab 2 m² einfach
ca. 8 cm wenige
6-9 gut

Nymphaea 'Pink Beauty', Syn. *N.* 'Luciana'

Züchter:	Dreer 1899
Vermutete Zuchteltern:	unbekannt
Blütenfarbe:	rosa
Blütenform:	schalenförmig
Stand der Blüte:	schwimmend bis knapp über dem Wasser
Öffnungszeit der Blüte:	ca. 10 bis 18 Uhr
Blattoberseite:	Blattform rund, Blatteinschnitt geöffnet, Lappenspitzen ausgebildet, grünes Blatt im Austrieb bronzefarben
Blattunterseite:	anfangs rötlich, später grün
Besonderheiten:	bewährte und reich blühende kleinere Sorte

Nymphaea 'Pink Opal'

Züchter:	Fowler 1915
Vermutete Zuchteltern:	unbekannt
Blütenfarbe:	rosa
Blütenform:	tassenförmig
Stand der Blüte:	knapp über dem Wasser stehend
Öffnungszeit der Blüte:	variabel, ca. 9 bis 18 Uhr und länger
Blattoberseite:	Blattform oval, Blatteinschnitt weit geöffnet, kleine Lappenspitzen, Blattfarbe dunkelgrün
Blattunterseite:	grün, zum Rand rötlich
Besonderheiten:	alte Züchtung mit schönem Blütenbild

Nymphaea 'Pink Sensation'

Züchter:	Slocum 1947
Vermutete Zuchteltern:	Mutation von *N.* 'Lustrous'
Blütenfarbe:	helles Rosa
Blütenform:	sternförmig
Stand der Blüte:	über dem Wasser stehend
Öffnungszeit der Blüte:	lange, ca. 10 bis 20 Uhr
Blattoberseite:	Blattform rund, Blatteinschnitt leicht geöffnet, Lappenspitzen ausgebildet, grünes Blatt mit deutlichem Mittelnerv, Blattaustrieb rötlich
Blattunterseite:	braunrot gefärbt
Besonderheiten:	frühe Slocum-Züchtung mit langer Öffnungszeit der Blüte, liebt wärmeres Wasser

30-40-50 cm   14-16 cm

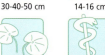
mittel   gesund (-)

ab 6 m²   mittel

12-14 cm   einige

6-9   normal-gut

Nymphaea 'Pink Sunrise'

Züchter:	Strawn 1993
Vermutete Zuchteltern:	*N.* 'Peter Slocum' x *N.* 'Sunrise'
Blütenfarbe:	rosa
Blütenform:	sternförmig
Stand der Blüte:	schwimmend
Öffnungszeit der Blüte:	normal, ca. 10 bis 18 Uhr
Blattoberseite:	Blattform rund, Blatteinschnitt schwach geöffnet, Blattfarbe grün
Blattunterseite:	dunkel rötlich
Besonderheiten:	bisher selten angebotene kleinere und wenig erprobte Sorte

25-30-40 cm   ca. 12 cm

mittel   gesund

ab 3 m²   mittel

8-10 cm   wenige

o. Angabe   o. Angabe

Nymphaea 'Potzblitz'

30-35-40 cm

ca. 16 cm

gesund

mittel

ab 3 m²

einfach

ca. 12 cm

ab ca. 2006

5-9

ohne Angabe

Züchter:	Bechthold 2000
Vermutete Zuchteltern:	N. 'Perry's Fire Opal' x N. 'Wow'
Blütenfarbe:	intensives Rosa, innere Blütenblätter heller
Blütenform:	schalenförmig
Stand der Blüte:	schwimmend
Öffnungszeit der Blüte:	ca. 10 bis 19 Uhr, zeitweise länger, abends teiloffen
Blattoberseite:	Blattform oval, Blatteinschnitt geöffnet, deutliche Lappenspitzen, Blattaustrieb rötlich, altes Blatt grün
Blattunterseite:	intensiv rötlich gefärbt
Besonderheiten:	durch die großen, gelben Staubblätter wirkt die Blüte mehrfarbig, die markante Blütenmitte zeigt sich jedoch nur zeitweise, fruchtende Seerose

Nymphaea 'Princess Elizabeth'

30-40-60 cm

14-18 cm

mittel

gesund

ab 6 m²

schwer

12-14 cm

viele

5-9

gut

Züchter:	Gärtnerei Latour-Marliac 1939
Vermutete Zuchteltern:	unbekannt
Blütenfarbe:	rosa, im Verblühen heller
Blütenform:	sternförmig
Stand der Blüte:	über dem Wasser stehend
Öffnungszeit der Blüte:	normal, ca. 10 bis 18 Uhr
Blattoberseite:	Blattform rund, Blatteinschnitt geöffnet, deutliche Lappenspitzen, Blattaustrieb rotbräunlich, altes Blatt dunkelgrün
Blattunterseite:	dunkelrot
Besonderheiten:	duftend

Nymphaea 'Pygmaea Rubra'

Züchter:	unbekannt
Vermutete Zuchteltern:	unbekannt
Blütenfarbe:	helles Karminrot
Blütenform:	tassen- bis schalenförmig
Stand der Blüte:	knapp über dem Wasser
Öffnungszeit der Blüte:	öffnet spät am Tag, ca. 11 bis 18 Uhr
Blattoberseite:	Blattform oval bis länglich, Blatteinschnitt sehr weit geöffnet, Lappenspitzen gering ausgebildet, Blattaustrieb rötlich mit braunem Fleckenmuster, altes Blatt dunkelgrün
Blattunterseite:	grün, leicht rötlich gefärbt
Besonderheiten:	unter dieser Bezeichnung werden leider unterschiedliche Seerosen angeboten, das Original ist anfällig für Blattpilzerkrankungen

20-25-30 cm   10-12 cm

mittel   anfällig

ab 1 m²   mittel

4-6 cm   wenige

5-9   gut-klasse

Nymphaea 'Princess Elizabeth'

Nymphaea 'Pygmaea Rubra'

Nymphaea 'Ray Davies'

Nymphaea 'Ray Davies'

30-40-50 cm · 18-20 cm · mittel · gesund · ab 6 m² · mittel · 12-14 cm · einige · 6-9 · gut

Züchter:	Slocum 1985
Vermutete Zuchteltern:	Sämling von *N.* 'Rosanna'
Blütenfarbe:	intensives Rosa, Blütenspitzen heller
Blütenform:	schalenförmig, gefüllt wirkend
Stand der Blüte:	schwimmend bis knapp über dem Wasser
Öffnungszeit der Blüte:	normal, ca. 10 bis 18 Uhr
Blattoberseite:	Blattform rund, Blatteinschnitt teilweise überlappt bis offen, Lappenspitzen nicht ausgebildet, grünes Blatt
Blattunterseite:	braun-rötlich gefärbt
Besonderheiten:	schöne Blütenform

Nymphaea 'Red Devil'

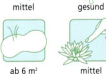

30-50-70 cm · 18-24 cm · mittel · gesund · ab 6 m² · mittel · 14 cm · wenige · 6-9 · o. Angabe

Züchter:	Meyer 2002
Vermutete Zuchteltern:	*N. alba* x *N.* 'Wm. Falconer'
Blütenfarbe:	intensives Rot
Blütenform:	schalen-, sternförmig
Stand der Blüte:	schwimmend
Öffnungszeit der Blüte:	normal, ca. 10 bis 18 Uhr
Blattoberseite:	Blattform rund, Blatteinschnitt geöffnet, Lappenspitzen ausgebildet, dunkelgrünes Blatt mit schwacher Marmorierung
Blattunterseite:	hellgrün
Besonderheiten:	attraktive Neuzüchtung, bereits im Handel, nach Angabe des Züchtes blütenreich

Nymphaea 'Red Paradise'

Züchter:	Perry's Water Gardens 1993
Vermutete Zuchteltern:	ein Elternteil N. 'Atropurpurea'
Blütenfarbe:	sehr dunkles Rot
Blütenform:	schalenförmig, gefüllt wirkend
Stand der Blüte:	schwimmend bis knapp über dem Wasser
Öffnungszeit der Blüte:	normal, ca. 10 bis 18 Uhr
Blattoberseite:	Blattform rund, Blatteinschnitt weit geöffnet, Lappenspitzen nur schwach ausgebildet, hellgrünes Blatt mit rötlichem Rand, Blattaustrieb rötlich
Blattunterseite:	stark rötlich gefärbt
Besonderheiten:	attraktive Blütenfarbe, liebt wärmeres Wasser, Blütenblätter nur selten perfekt geformt und deshalb ohne bessere Bewertung

 30-35-40 cm 18-20 cm
 mittel   gesund (-)
 ab 3 m² mittel

10-12 cm wenige

6-9 normal-gut

Nymphaea 'Red Queen'

Züchter:	Slocum 1995
Vermutete Zuchteltern:	N. 'Perry's Fire Opal' x N. 'Blue Beauty' (tropisch)
Blütenfarbe:	intensives dunkles Rot
Blütenform:	schalenförmig, gefüllt wirkend
Stand der Blüte:	schwimmend
Öffnungszeit der Blüte:	normal, ca. 10 bis 18 Uhr
Blattoberseite:	Blattform rund, Blatteinschnitt stark überlappt, Lappenspitzen deutlich ausgebildet, dunkelgrünes Blatt im Austrieb rötlich
Blattunterseite:	rötlich gefärbt
Besonderheiten:	sehr attraktive Blütenfarbe, liebt wärmeres Wasser

 30-35-40 cm 18-20 cm
 mittel gesund (-)
 ab 3 m² einfach
 12-14 cm wenige
 6-9 gut-klasse

Nymphaea 'Red Spider'

25-30-40 cm

ca. 12 cm

mittel

gesund?

ab 2 m²

einfach

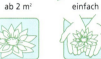
8-10 cm

wenige

o. Angabe

o. Angabe

Züchter:	Strawn 1993
Vermutete Zuchteltern:	Kreuzung mit *N. mexicana*
Blütenfarbe:	rosarot
Blütenform:	strahlenförmig
Stand der Blüte:	schwimmend
Öffnungszeit der Blüte:	normal, ca. 10 bis 18 Uhr
Blattoberseite:	Blattform rund, Blatteinschnitt weit geöffnet, deutliche Lappenspitzen, hellgrünes Blatt mit Marmorierung
Blattunterseite:	rötlich mit Punktemuster
Besonderheiten:	neue Züchtung, die in unserem Klima noch weiter erprobt werden muss

Nymphaea 'René Gérard', Syn. 'La Beaugère'

50-70-80 cm

ca. 25 cm

mittel-stark

robust

ab 9 m²

mittel

ca. 16 cm

viele

5-9

gut (+)

Züchter:	Gärtnerei Latour-Marliac 1914
Vermutete Zuchteltern:	unbekannt
Blütenfarbe:	leuchtendes, helles Rot
Blütenform:	sternförmig
Stand der Blüte:	schwimmend
Öffnungszeit der Blüte:	normal, ca. 10 bis 18 Uhr
Blattoberseite:	Blattform oval, Blatteinschnitt weit geöffnet, Lappenspitzen schwach ausgeprägt, dunkelgrünes Blatt
Blattunterseite:	grün
Besonderheiten:	gute Standardsorte, weit verbreitet

Nymphaea 'Richardsonii', Syn. *N.* tuberosa 'Richardsonii'

Züchter:	Richardson 1894
Vermutete Zuchteltern:	unbekannt
Blütenfarbe:	weiß
Blütenform:	tassenförmig bis kugelig
Stand der Blüte:	schwimmend
Öffnungszeit der Blüte:	normal, ca. 10 bis 18 Uhr
Blattoberseite:	Blattform rund, Blatteinschnitt geöffnet Lappenspitzen schwach ausgeprägt, Blattfarbe grün, Blattadern sichtbar, Blattrand gewellt
Blattunterseite:	grün
Besonderheiten:	zahlreiche (40 bis 50) Blütenblätter, Verwechslungsgefahr mit *N.* 'Maxima', leider nicht sehr blütenreich

 50-60-100 cm 25-30 cm

 stark robust
ab 12 m² schwer
13-15 cm wenige
6-10 normal

Nymphaea 'Rosanna' und *N.* 'Rosanna Supreme'

Züchter:	Randing 1957 oder Ambassor Water Gardens
Vermutete Zuchteltern:	unbekannt
Blütenfarbe:	helles Rosa, im Verblühen zu Weiß wechselnd
Blütenform:	kugelig bis schalenförmig
Stand der Blüte:	schwimmend bis knapp über dem Wasser
Öffnungszeit der Blüte:	normal, ca. 10 bis 18 Uhr
Blattoberseite:	Blattform rund, Blatteinschnitt teilweise geöffnet, Blattfarbe grün
Blattunterseite:	rötlich-bräunlich
Besonderheiten:	interessantes Farbspiel der Blüten, Verwechslungsgefahr mit der seltenen *N.* 'Rosanna', die nach den Beschreibungen eine rosa-rötliche Blütenmitte besitzen soll

 40-50-60 cm 20-22 cm

 mittel robust
ab 6 m² schwierig
10-12 cm einige
5-9 gut

Nymphaea 'Rose Arey'

30-40-50 cm

ca. 20 cm

mittel

robust

ab 6 m²

mittel

12-14 cm

einige

5-9

gut

Züchter:	Fowler 1913
Vermutete Zuchteltern:	unbekannt
Blütenfarbe:	rosa
Blütenform:	schalen- bis sternförmig
Stand der Blüte:	knapp über dem Wasser stehend
Öffnungszeit der Blüte:	variabel, ca. 10 bis 18 Uhr und länger
Blattoberseite:	Blattform rund, Blatteinschnitt weit geöffnet, kleine Lappenspitzen, Blattaustrieb rötlich, Blattfarbe grün
Blattunterseite:	braun-rötlich
Besonderheiten:	duftend und Samen bildend, bewährte Sorte

Nymphaea 'Rose Magnolia'

50-60-120 cm

15-20 cm

stark

robust

ab 12 m²

mittel

10-13 cm

wenige

5-9

normal-gut

Züchter:	unbekannt, Herkunft Nordamerika um 1925
Vermutete Zuchteltern:	vermutlich *N. tuberosa* beteiligt
Blütenfarbe:	helles Rosa, zur Blütenbasis intensiver
Blütenform:	schalenförmig
Stand der Blüte:	schwimmend
Öffnungszeit der Blüte:	normal, ca. 10 bis 18 Uhr
Blattoberseite:	Blattform oval, Blatteinschnitt weit geöffnet, Lappenspitzen gering ausgeprägt, dunkelgrünes Blatt
Blattunterseite:	grün-bräunlich
Besonderheiten:	sehr starkwüchsige ältere Sorte, gute Schnittblume

Nymphaea 'Rosennymphe'

Züchter:	Junge 1911
Vermutete Zuchteltern:	unbekannt
Blütenfarbe:	helles Rosa zu Creme wechselnd
Blütenform:	sternförmig
Stand der Blüte:	schwimmend
Öffnungszeit der Blüte:	normal, ca. 10 bis 18 Uhr
Blattoberseite:	Blattform oval, Blattrand leicht gewellt, Blatteinschnitt geöffnet, kleine Lappenspitzen, Blattaustrieb rotbraun, altes Blatt dunkelgrün
Blattunterseite:	rötlich gefärbt
Besonderheiten:	altbewährte und anpassungsfähige Standardsorte, im flachem Wasser kann die Blüte auch knapp über dem Wasser stehen

30-40-60 cm

 mittel

 gesund

 ab 6 m²

einfach

 12-14 cm

viele

 5-9

gut-klasse

14-24

Nymphaea 'Rosy Morn'

Züchter:	Johnson 1932
Vermutete Zuchteltern:	N. 'Rose Arey' x N. 'Escarboucle'
Blütenfarbe:	innen erdbeerrosa, nach außen heller werdend, Kronblätter nur rosa überhaucht.
Blütenform:	sternförmig
Stand der Blüte:	schwimmend
Öffnungszeit der Blüte:	normal, bis in den späten Nachmittag
Blattoberseite:	Blattform rund, etwas überlappend und zugespitzt, erst rotbraun, dann mittelgrün
Blattunterseite:	rötlichbraun, später grün
Besonderheiten:	durch die ausgesprochen großen Blüten eine sehr prächtige Seerose mit leichtem Duft

 40-70-100 cm

 20-23 cm

 mittel

gesund

 ab 4 m²

mittel

 15-18 cm

 wenige

 6-9

 normal-gut

Nymphaea 'Rotkäppchen'

25-35-40 cm

ca. 16 cm

mittel

gesund

ab 3 m²

mittel

12-14 cm

ab ca. 2006

6-9

o. Angabe

Züchter:	Bechthold 2000
Vermutete Zuchteltern:	*N.* 'Perry's Fire Opal' x *N.* 'Wow'
Blütenfarbe:	intensives, dunkles Rosarot
Blütenform:	paeonienförmig, wirkt gefüllt
Stand der Blüte:	schwimmend
Öffnungszeit der Blüte:	ca. 10 bis 19 Uhr, zeitweise länger
Blattoberseite:	Blattform rund, Blatteinschnitt teilweise leicht überdeckt, kleine Lappenspitzen, Blattaustrieb rötlich, altes Blatt grün
Blattunterseite:	rötlich gefärbt
Besonderheiten:	moderne Blütenform und Blütenfarbe, intensiver als bei *N.* 'Perry's Fire Opal', fruchtende Sorte, bei warmen Wetter reich blühend

Nymphaea 'Rotkäppchen' ▶

Nymphaea 'Sabine'

40-60-80 cm

ca. 22 cm

mittel

gesund

ab 6 m²

einfach

ca. 12 cm

wenige

6-9

o. Angaben

Züchter:	Weber 2002
Vermutete Zuchteltern:	unbekannt
Blütenfarbe:	zweifarbig, Grundfarbe leicht rosa mit deutlicher roter Zeichnung
Blütenform:	rund, zahlreiche Blütenblätter
Stand der Blüte:	schwimmend oder etwas über dem Wasser stehend
Öffnungszeit der Blüte:	normal, ca. 10 bis 18 Uhr
Blattoberseite:	Blattform oval, Blatteinschnitt deutlich, sehr kräftige Lappenspitzen, Blattaustrieb rötlich später rötlich grün
Blattunterseite:	rötlich bis bräunlich gefärbt
Besonderheiten:	auf den Kelchblättern hebt sich die Nervatur kräftig rot ab, bemerkenswerte Neuzüchtung

Nymphaea 'Schnuppe'

30-40-50 cm / ca. 16 cm / mittel / gesund / ab 6 m² / mittel / 12-14 cm / ab ca. 2008 / 6-9 / o. Angabe

Züchter:	Bechthold 2001
Vermutete Zuchteltern:	Zufallssämling von N. 'Fritz Junge'
Blütenfarbe:	helles Rosa, nach außen hin weiß
Blütenform:	stern-, strahlenförmig
Stand der Blüte:	schwimmend bis knapp über dem Wasser
Öffnungszeit der Blüte:	ca. 10 bis 19 Uhr, zeitweise länger
Blattoberseite:	Blattform rund, Blatteinschnitt weit geöffnet, deutliche Lappenspitzen, Blattaustrieb rötlich, altes Blatt grün
Blattunterseite:	grüner Keil in der Blattmitte, zum Rand rötlich gefärbt
Besonderheiten:	nach bisheriger knapper Beobachtung sehr reich in Phasen blühend

Nymphaea 'Seignouretti'

20-50-70 cm / 11x13 cm / mittel / gesund / ab 3 m² / einfach / ca. 10 cm / wenige / 6-9 / gut

Züchter:	Latour-Marliac 1893
Vermutete Zuchteltern:	Möglicherweise *N. alba* var. *rubra* x *N. mexicana*
Blütenfarbe:	am ersten Tag innen aprikosenfarbig, außen eher gelblich weiß, ab dem dritten Tag alle Blütenblätter pfirsichfarben bis orangerot
Blütenform:	tassenförmig, Außenblätter deutlich verlängert
Stand der Blüte:	bis zu 15 cm über dem Wasser stehend
Öffnungszeit der Blüte:	normal, ca. 10 bis 18 Uhr
Blattoberseite:	Blattform oval, grün, junge Blätter auch mit dunklen Flecken und rotem Rand
Blattunterseite:	rötlich-orange mit länglichen, dunkelbraunen Flecken
Besonderheiten:	hübsche, kleinere Sorte, die wärmeres Wasser liebt

Nymphaea 'Sirius'

Züchter:	Gärtnerei Latour-Marliac 1913
Vermutete Zuchteltern:	unbekannt
Blütenfarbe:	dunkel karminrot
Blütenform:	sternförmig
Stand der Blüte:	schwimmend
Öffnungszeit der Blüte:	normal, ca. 10 bis 18 Uhr
Blattoberseite:	Blattform oval, Blatteinschnitt weit geöffnet, Lappenspitzen schwach ausgeprägt, dunkelgrünes Blatt mit schwacher Marmorierung
Blattunterseite:	grün
Besonderheiten:	schönes Blütenbild

 40-60-80 cm ca. 22 cm

 mittel-stark robust

 ab 9 m² einfach

 14-16 cm wenige

 5-9 gut

Nymphaea 'Snow Princess'

Züchter:	Maiden ca. 1998
Vermutete Zuchteltern:	unbekannt
Blütenfarbe:	weiß
Blütenform:	kelch- bis sternförmig
Stand der Blüte:	knapp über dem Wasser stehend
Öffnungszeit der Blüte:	normal, ca. 10 bis 18 Uhr
Blattoberseite:	Blattform oval, Blatteinschnitt weit geöffnet, Blattlappen ohne ausgeprägte Lappenspitzen, Blattfarbe grün, zum Rand rötlich gefärbt
Blattunterseite:	rötlich
Besonderheiten:	neue kleine Sorte, die 2002 von der IWGS in Amerika ausgezeichnet wurde, zeigt gute Eigenschaften

 20-30-50 cm ca. 12 cm

 mittel gesund

 ab 2 m² genau

 ca. 8 cm wenige

o. Angabe o. Angabe

Nymphaea 'Solfatare'

20-30-35 cm

12-14 cm

gering

gesund (-)

ab 2 m²

mittel

5-8 cm

wenige

6-9

vorsicht-gut

Züchter:	Latour-Marliac 1906
Vermutete Zuchteltern:	unbekannt
Blütenfarbe:	hellgelb zu orange wechselnd
Blütenform:	sternförmig
Stand der Blüte:	schwimmend
Öffnungszeit der Blüte:	normal, von der Witterung abhängig
Blattoberseite:	Blattform rund, Blatteinschnitt weit geöffnet, grüner Blattaustrieb, Trichter an der Blattbasis
Blattunterseite:	grün mit Punktemuster
Besonderheiten:	kleine Seerose für wärmeres Wasser

Nymphaea 'Splendida'

50-70-100 cm

20-22 cm

stark

gesund

ab 6 m²

einfach

ca. 15 cm

wenige

6-9

gut

Züchter:	Latour-Marliac 1909
Vermutete Zuchteltern:	unbekannt
Blütenfarbe:	innen dunkelrot, nach außen hin immer heller werdend
Blütenform:	schalen- bis sternförmig
Stand der Blüte:	schwimmend
Öffnungszeit der Blüte:	normal, 10 bis 18 Uhr
Blattoberseite:	Blattform oval, Blatteinschnitt überdeckt, mittelgrün, hellgrüne Nervatur
Blattunterseite:	mittelgrün mit rötlichem Schimmer bei jüngeren Blättern
Besonderheiten:	seltene Sorte mit guten Eigenschaften

Nymphaea 'Starbright'

Züchter:	Strawn 1997
Vermutete Zuchteltern:	N. 'Rembrandt' x N. mexicana
Blütenfarbe:	gelbanteiliges Weiß mit schwachem Rosa
Blütenform:	strahlenförmig
Stand der Blüte:	über dem Wasser stehend
Öffnungszeit der Blüte:	ca. 10 bis 18 Uhr
Blattoberseite:	Blattform oval, Blatteinschnitt leicht geöffnet, Blattfarbe dunkelgrün mit kräftiger Marmorierung
Blattunterseite:	rötlich
Besonderheiten:	schöne Neuzüchtung mit exotischer Ausstrahlung, weitere Eigenschaften müssen noch erprobt werden

 30-35-40 cm 12-14 cm
 mittel gesund?
ab 3 m² einfach
10-12 cm wenige

o. Angabe o. Angabe

Nymphaea 'Suavissima'

Züchter:	Latour-Marliac 1899
Vermutete Zuchteltern:	unbekannt
Blütenfarbe:	intensiv rosa, innere Blütenblätter heller
Blütenform:	strahlenförmig
Stand der Blüte:	schwimmend bis über dem Wasser stehend
Öffnungszeit der Blüte:	normal, ca. 10 bis 18 Uhr
Blattoberseite:	Blattform rund, Blatteinschnitt teilweise überdeckt, ausgeprägte Lappenspitzen, Blattfarbe grün
Blattunterseite:	rötlich
Besonderheiten:	duftende Seerose

 40-50-60 cm ca. 22 cm
mittel robust
ab 6 m² mittel
 ca. 14 cm wenige

 5-9 normal

Nymphaea 'Sulphurea'

25-35-50 cm | ca. 18 cm

gering | anfällig

ab 2 m² | leicht

ca. 10 cm | einige

6-9 | normal

Züchter:	Latour-Marliac 1879
Vermutete Zuchteltern:	*N. odorata* x *N. mexicana*
Blütenfarbe:	kräftiges Gelb
Blütenform:	sternförmig
Stand der Blüte:	deutlich über dem Wasserspiegel stehend
Öffnungszeit der Blüte:	normal, schließt gegen 17 Uhr
Blattoberseite:	kreisrund, mit deutlichem Blatteinschnitt und kleinen Lappenspitzen, junge Blätter stark gefleckt, später verblassend
Blattunterseite:	rötlich-braun, zum Rand roter, mit vielen kleinen roten Punkten übersät
Besonderheiten:	wärmeliebend, deswegen besser für kleine Teiche geeignet, etwas empfindlich gegen Kronenfäule

Nymphaea 'Sultan'

50-70-100 cm | ca. 28 cm

stark | robust

ab 12 m² | mittel

ca. 18 cm | wenige

6-9 | gut

Züchter:	Latour-Marliac, Jahr unbekannt
Vermutete Zuchteltern:	unbekannt
Blütenfarbe:	innen dunkelrot, nach außen hin immer heller werdend, dort rötlich gestreift und gefleckt
Blütenform:	tassenförmig, löffelförmige, sehr breite Blätter
Stand der Blüte:	schwimmend
Öffnungszeit der Blüte:	normal, bis in den Spätnachmittag
Blattoberseite:	Blattform oval, Blattlappen kaum zugespitzt, mittelgrün
Blattunterseite:	grün
Besonderheiten:	ein Synonym ist *N.* 'Grésille', reichblühend

Nymphaea 'Sunny Pink'

Züchter:	Strawn 1997
Vermutete Zuchteltern:	Sämling von *N.* 'Texas Dawn'
Blütenfarbe:	helles Rosa mit gelben Anteilen, Blütenfarbe verändert sich von rosa zu hellgelb
Blütenform:	sternförmig
Stand der Blüte:	schwimmend
Öffnungszeit der Blüte:	normal, ca. 10 bis 18 Uhr
Blattoberseite:	Blattform rund, Blatteinschnitt weit geöffnet, ausgeprägte Lappenspitzen, mattgrüne Blattfarbe
Blattunterseite:	rötlich mit starkem Muster
Besonderheiten:	auffallend schönes Farbspiel der Blüten, hierdurch wirkt die Sorte mehrfarbig

 35-40-60 cm 20-22 cm

 mittel gesund

 ab 6 m² einfach

 12-14 cm einige

 6-9 klasse

Nymphaea 'Sunrise'

Züchter:	Latour-Marliac 1880
Vermutete Zuchteltern:	Sämling von *N. odorata*
Blütenfarbe:	kanariengelb, einschließlich der Kronblätter
Blütenform:	sternförmig, schmale, zugespitzte Blütenblätter
Stand der Blüte:	schwimmend
Öffnungszeit der Blüte:	normal, bis in den Spätnachmittag
Blattoberseite:	Blattform oval, Blattlappen wenig zugespitzt, mittelgrün, junge Blätter mit kleinen roten Flecken
Blattunterseite:	rot, mit kleinen braunroten Flecken, die bei älteren Blättern verblassen
Besonderheiten:	ein Synonym ist *N. odorata* 'Sulphurea Grandiflora'; besonders große Blüten, etwas anfällig gegen Kronenfäule

 50-70-150 cm 25x28 cm

 stark robust

 ab 5 m² mittel

 18-24 cm wenige

6-9 normal-gut

Nymphaea 'Texas Dawn'

40-60-90 cm

20-25 cm

mittel-stark / gesund

ab 9 m² / mittel

12-14 cm / einige

6-9 / gut-klasse

Züchter:	Landon 1985
Vermutete Zuchteltern:	N. 'Pink Starlet' x N. mexicana
Blütenfarbe:	kräftig gelb
Blütenform:	stern-, strahlenförmig
Stand der Blüte:	hoch über dem Wasser stehend
Öffnungszeit der Blüte:	normal, ca. 10-18 Uhr
Blattoberseite:	Blattform oval, Blatteinschnitt leicht geöffnet, deutliche Lappenspitzen, Blattränder nach oben gewölbt, grünes Blatt mit schwachem Muster
Blattunterseite:	rotbräunlich mit schwarzbraunem Muster
Besonderheiten:	bemerkenswerte gelbe Neuzüchtung

Nymphaea 'Texas Dawn' ▶

Nymphaea 'Vésuve' Syn. Nymphaea 'La Vésuve'

30-40-50 cm

18-20 cm

mittel / robust

ab 3 m² / schwer

12-14 cm / wenige

5-9 / gut (+)

Züchter:	Latour-Marliac 1906
Vermutete Zuchteltern:	unbekannt
Blütenfarbe:	helles Karminrot
Blütenform:	sternförmig
Stand der Blüte:	schwimmend
Öffnungszeit der Blüte:	normal, ca. 10 bis 18 Uhr
Blattoberseite:	Blattform oval, Blatteinschnitt geöffnet, Lappenspitzen gering ausgebildet, Blattaustrieb braun-rötlich, Blatt später dunkelgrün
Blattunterseite:	grün, leicht rötlich gefärbt
Besonderheiten:	nach anderen Erfahrungen sehr blütenreich

Nymphaea 'Vésuve' ▶

Nymphaea 'Virginalis'

50-70-100 cm

ca. 25 cm

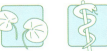
mittelstark

robust

ab 9 m²

mittel

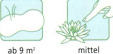
ca. 14 cm

viele

5-10

normal-gut

Züchter:	Latour-Marliac 1910
Vermutete Zuchteltern:	unbekannt
Blütenfarbe:	weiß
Blütenform:	schalenförmig
Stand der Blüte:	schwimmend bis knapp über dem Wasser
Öffnungszeit der Blüte:	normal, ca. 10 bis 18 Uhr
Blattoberseite:	Blattform rund, Blatteinschnitt wenig geöffnet oder überdeckt, Blattrand gewellt, Blattfarbe grün
Blattunterseite:	grün
Besonderheiten:	gute Schnittblume, duftend, Verwechslungsgefahr mit N. 'Gladstoniana'

Nymphaea 'W.B. Shaw'

30-50-60 cm

25-28 cm

mittel-stark

gesund

ab 9 m²

mittel

ca. 12 cm

einige

6-9

gut

Züchter:	Shaw um 1900
Vermutete Zuchteltern:	unbekannt
Blütenfarbe:	helles Rosa
Blütenform:	tassen- bis sternförmig
Stand der Blüte:	über dem Wasser stehend
Öffnungszeit der Blüte:	normal, ca. 10 bis 18 Uhr
Blattoberseite:	Blattform rund, Blatteinschnitt weit geöffnet, ohne Lappenspitzen, grünes Blatt bräunlich gefärbt
Blattunterseite:	
Besonderheiten:	alte robuste Züchtung mit stärkerem Ausbreitungsdrang, duftend

Nymphaea 'Walter Pagels'

Züchter:	Strawn 1993
Vermutete Zuchteltern:	*N.* 'Darwin' x *N.* 'Perry's Pink'
Blütenfarbe:	creme mit rosa
Blütenform:	schalenförmig
Stand der Blüte:	schwimmend bis knapp über dem Wasser
Öffnungszeit der Blüte:	normal, ca. 10 bis 17 Uhr
Blattoberseite:	Blattform herzförmig, Blatteinschnitt sehr weit geöffnet, kleine Lappenspitzen, Blatt dunkelgrün
Blattunterseite:	grün, zum Rand rötlich gefärbt
Besonderheiten:	neuer Halbzwerg, im warmen Wasser blütenreich

 25-30-35 cm 10-12 cm
 mittel gesund
 ab 2 m² einfach
6-8 cm einige
6-9 gut-klasse

Nymphaea 'Weymouth Red'

Züchter:	Bennett 1991
Vermutete Zuchteltern:	unbekannt
Blütenfarbe:	kräftig dunkelrot, nach außen hin heller werdend
Blütenform:	sternförmig
Öffnungszeit der Blüte:	normal, ca. 10 bis 18 Uhr
Blattoberseite:	Blattform rund, Blatteinschnitt bei älteren Blättern deutlich, Blattaustrieb purpurfarben bis rötlich, alte Blätter dunkelgrün
Blattunterseite:	purpurfarben bis rot
Besonderheiten:	eine der noch wenig bekannten englischen Neuzüchtungen, die schon eine gewisse Verbreitung gefunden hat; angenehmer Duft; die Blütengröße kann variieren, es kommen auch kleinere Blüten vor

 40-60-80 cm ca 17 cm
 mittel gesund
 ab 5 m² schwer
ca. 13 cm wenige
6-9   gut

Nymphaea 'White Cup'

30-60-80 cm

ca. 25 cm

mittel

gesund

ab 6 m²

einfach

10 cm

wenige

6-9

normal

Züchter:	Slocum 1986
Vermutete Zuchteltern:	N. 'Peter Slocum' x N. 'Panama Pacific' (tropisch)
Blütenfarbe:	reinweiß
Blütenform:	paeonienförmig, sehr breite, abgerundete Blütenblätter
Stand der Blüte:	schwimmend
Öffnungszeit der Blüte:	lange, bis in den frühen Abend
Blattoberseite:	Blattform rund, Blatteinschnitt geöffnet, mittelgrün, an den Seiten stark gerollt, junge Blätter purpurfarben
Blattunterseite:	rot, die dem Tageslicht ausgesetzten aufgerollten Unterseiten grün
Besonderheiten:	Blütenöffnung und Blütenreichtum vom Klima abhängig; wenig verbreitet

Nymphaea 'White Sultan'

50-60-80 cm

ca. 15 cm

mittel-stark

gesund

ab 9 m²

mittel

10-12 cm

wenige

6-9

gut-klasse

Züchter:	Strawn 1991
Vermutete Zuchteltern:	Mutation von N. 'Sultan'
Blütenfarbe:	weiß
Blütenform:	schalenförmig
Stand der Blüte:	schwimmend
Öffnungszeit der Blüte:	normal, ca. 10 bis 18 Uhr
Blattoberseite:	Blattform rund, Blatteinschnitt überlappt, grünes Blatt
Blattunterseite:	bräunlich
Besonderheiten:	noch seltene neue Sorte, die blütenreich ist

Nymphaea 'Wm. Falconer', Syn N. 'William Falconer'

Züchter:	Dreer 1899
Vermutete Zuchteltern:	unbekannt
Blütenfarbe:	dunkel-rubinrot
Blütenform:	sternförmig
Stand der Blüte:	schwimmend
Öffnungszeit der Blüte:	normal, ca. 10 bis 18 Uhr
Blattoberseite:	Blattform rund, Blatteinschnitt geöffnet, kleine Lappenspitzen, Blattrand leicht gewellt, Blattaustrieb dunkelrot mit Muster, altes Blatt rotgrün mit Muster
Blattunterseite:	rötlich gefärbt
Besonderheiten:	altbewährte, sehr gute Sorte in dieser Blütenfarbe, im Frühsommer reich blühend

 25-35-50 cm 14-18 cm
 mittel robust
 ab 3 m² einfach
 10-12 cm viele
 5-9 klasse

Nymphaea 'Wow'

Züchter:	Slocum 1990
Vermutete Zuchteltern:	N. 'Perry's Pink' x N. 'Pamela' (tropisch)
Blütenfarbe:	leuchtendes, intensives Rot
Blütenform:	schalenförmig, wirkt gefüllt
Stand der Blüte:	schwimmend bis knapp über dem Wasser
Öffnungszeit der Blüte:	zeitweise lange
Blattoberseite:	Blattform rund, Blatteinschnitt teilweise überdeckt, kleine Lappenspitzen, Blattaustrieb rötlich, altes Blatt dunkelgrün
Blattunterseite:	rötlich bis bräunlich gefärbt
Besonderheiten:	eine duftende und Samen bildende Seerose, liebt wärmeres Wasser, sehr auffällige und besondere Blütenfarbe, reichbütig

 30-35-40 cm ca. 20 cm
 mittel gesund
 ab 6 m²   einfach
 12-14 cm einige
 6-9 klasse

Nymphaea 'Yellow Princess'

40-45-60 cm | ca. 25 cm

mittel | gesund

ab 9 m² | mittel

16-18 cm | wenige

o. Angabe | o. Angabe

Züchter:	Slocum 1991
Vermutete Zuchteltern:	Sämling von *N.* 'Texas Dawn'
Blütenfarbe:	gelb
Blütenform:	sternförmig
Stand der Blüte:	über dem Wasser stehend
Öffnungszeit der Blüte:	normal, ca. 10 bis 18 Uhr
Blattoberseite:	Blattform rund, Blatteinschnitt weit geöffnet, deutliche Lappenspitzen, dunkelgrünes Blatt mit Marmorierung, die später verblasst
Blattunterseite:	grün mit Punktemuster
Besonderheiten:	in Amerika hoch eingeschätzte Sorte

Nymphaea 'Yellow Sensation'

40-50-60 cm | ca. 20 cm

mittel | gesund?

ab 6 m² | mittel

ca. 14 cm | wenige

o. Angabe | o. Angabe

Züchter:	Slocum 1991
Vermutete Zuchteltern:	*N. alba* x *N. mexicana*
Blütenfarbe:	gelb
Blütenform:	schalenförmig, gefüllt wirkend
Stand der Blüte:	hoch über dem Wasser stehend
Öffnungszeit der Blüte:	zeitweise lang, ca. 10 bis 20 Uhr
Blattoberseite:	Blattform rund, Blatteinschnitt weit geöffnet, deutliche Lappenspitzen, grünes Blatt mit Marmorierung, die später verblasst
Blattunterseite:	helles Grün mit rötlichem Punktemuster
Besonderheiten:	bemerkenswerte Blütenform

Rezepte mit Seerosen

Rhizome von Lotos (Nelumbo) werden nicht nur von der Bevölkerung vor Ort gegessen, sondern auch verarbeitet und als Konserven in andere Gebiete exportiert und kommen getrocknet und zu Mehl oder Flocken verarbeitet in den Handel. Aber auch Seerosen können auf verschiedene Art zubereitet werden.

Junge Seerosenblüten

Zutaten:
5 Seerosenblüten, ungeöffnet
1 Seerosenblüte, geöffnet
Mineralwasser
Butter
Salz
Pfeffer

Noch nicht geöffnete Seerosenblüten werden abgeschnitten. Die Narbe (Stempel) wird entfernt. Die Staubbehälter (Petalen) werden nun über Nacht in Mineralwasser eingelegt, dann abgeschüttet, gespült und sechs bis acht Minuten gekocht. Danach werden sie mit etwas Butter in der Pfanne geschwenkt und – stilgerecht – auf Kronblättern einer bereits aufgeblühten Seerose serviert. Am besten sollen die Blüten von *N. odorata* und ihren Sorten schmecken.

Seerosenblattsalat

Zutaten:
Junge, sich gerade entfaltende Seerosenblätter
Essig-und-Öl-Dressing

Die jungen Seerosenblätter werden für acht Minuten in Salzwasser gekocht und dann mit einem Essig-und-Öl-Dressing abgeschmeckt und lauwarm serviert.

Rezepte mit Seerosen

Seerosenstängel süß-sauer
Ein Rezept von Peter Blume

Zutaten:
1 kg Seerosenstängel (von Blättern und Blüten)
500 ml Essig
1 kg Zucker (Feinschmecker nehmen Kandis)
20 g frischer Meerrettich
4 Nelken
1 Eßlöffel Senfkörner
20 Pfefferkörner
Dill (oder fertigen Gurkenaufguss)

Die Seerosenstängel werden wie Rhabarber geputzt und damit von der äußeren Haut befreit. Die Stängel werden für zwei bis drei Minuten in heißem Wasser blanchiert. Nun wird der Essig mit der gleichen Menge Wasser aufgekocht und der heiße Sud über die Seerosenstängel geschüttet. Etwa einen halben Tag ziehen lassen.

Danach wird der Sud in einen Topf gekippt und mit dem Zucker sowie den Gewürzen etwas eingekocht (um etwa ein Sechstel reduzieren). Dieser Sud wird nun heiß über die Stängel gekippt. Die Stängel können nun in einem normalen Einkochglas eingekocht oder nach mindestens drei Tagen Liegezeit frisch gegessen werden.

Chromatella-Schnaps

Zutaten:
5 Blüten von Nymphaea ‚Marliacea Chromatella'
1 Liter Doppelkorn 38%

Fünf junge Blüten von N. ‚Marliacea Chromatella' werden geviertelt in 38%-igem Doppelkorn eingelegt. Nach etwa einer Woche hat der Doppelkorn eine hellbraune Farbe angenommen und kann ab sofort – in Maßen – genossen werden.

Traditioneller vietnamesischer Lotossalat

Dieser Salat wird traditionell mit Lotosrhizomen zubereitet, aber auch mit Seerosenrhyizomen, etwa des Marliac-Typs, sollte es auch klappen.

Zutaten:
1 Tintenfisch (als Ersatz für die normalerweise verwendeten Quallen)
200 g Schweinefleisch
10 Riesengarnelen
250 g Lotosrhizom (ersatzweise Seerosenrhizom)
Vinaigrette (selbst zubereitet oder fertig gekauft)
Öl

Das Lotosrhizom wird geschält und gekocht, bis es gar ist (ähnlich einer normalen Kartoffel, Gabeltest zum Feststellen, ob die Wurzel fertig gegart ist). Danach wird es in feine Scheiben geschnitten und mit der Vinaigrette übergossen. Der Tintenfisch wird gereinigt und in etwa 5x5 cm große Stücke geschnitten. Das Schweinefleisch wird in dünne Scheiben und dann in feine Streifen geschnitten. Die Riesengarnelen werden gesäubert, der Kopf kann (muss aber nicht) entfernt werden. Das Fleisch wird nun im Wok (ersatzweise in einer Pfanne) mit heißem Öl kurz gegart, nur das Schweinefleisch darf braun werden. Das Fleisch wird nun so über die Lotosscheiben gegeben, dass die Tintenfischstücke außen, das Schweinefleisch oben und die Garnelen als dekorative Beigabe rundum liegen. Dazu passt Pflaumenwein.

Guten Appetit!

Bezugsquellen

nach Postleitzahlen sortiert

Seerosen und Wasserpflanzen . . . .Mit Versand
Japanische Steinlaternen
Dietmar Hauck
Siedlerstraße 4a
03058 Cottbus OT Groß Gaglow
Telefon: 0355/525153
Telefax: 0355/2892145
E-Mail: Hauck@seerosenparadies.de
Internet: www.seerosenparadies.de

Teich- und Wasserpflanzen . . . . . . .Mit Versand
Werner Krause
Inh. Heike Fink
Althener Anger 31 b
04451 Leipzig

Gärtnerei Andreas Ham . . . . .Mit Versand
Obergangstraße 7
07552 Gera-Langenberg

Seeburger Wassergarten . . . . . . .Mit Versand
Dorfstraße 20 a
14476 Seeburg

La vie en rose . . . . .Mit Versand
Christian Meyer
Mittelstraße 30
15366 Dahlwitz-Hoppegarten
Telefon: 03342/301756
Mobil: 0172/3064084
Telefax: 03342/301770
E-Mail: lyriando@yahoo.de
Internet: www.seerosenfarm.de

Wasserpflanzenkulturen . . . . .Mit Versand
Eberhard Schuster
Kladower Weg 6
19089 Crivitz / OT. Augustenhof

Wasserpflanzen Dettmar Möller . Kein Versand
Cuxhavener Straße 577
21149 Hamburg

Wasserpflanzen . . . . .Kein Versand
Tolksdorf & Beckers
Heidkamp 12 a
24326 Kalübbe

Karl Wachter KG . . . . .Mit Versand
H.-J. Wachter
Rollbarg
25482 Appen-Etz

Wasserpflanzengärtnerei . . . . Kein Versand
Metzler
An den Querteilen 8
27616 Frelsdorf

Jörg Petrowsky . . . . .Mit Versand
Aschauteiche 2
29348 Eschede
Telefon: 05142/803
Telefax: 05142/4030
E-Mail: petrowsky@seerosensorten.de
Internet: www.seerosensorten.de

Lohhof-Stauden . . . . .Kein Versand
Burkhard Früchtenicht
Lohhof 28
31600 Uchte

Seerosen und Sumpfpflanzen . . .Kein Versand
Volkhard Gläser
Auf der Heide 17
31638 Wenden
Telefon: 05026/900209

Stauden Junge . . . . .Mit Versand
Matthias Großmann
Seeangerweg 1
31787 Hameln
Telefon: 05151/3470
Telefax: 05151/924345
E-Mail: info@bluetenblatt.de
Internet: www.bluetenblatt.de

Gartencenter Bollerhey . . . . .Kein Versand
Eichenberger Straße 19 a
34233 Fuldatal-Rothwesten

Seerosenwelt . . . . .Mit Versand
Steffen Preller
Welsleber Weg 26
39171 Sülzetal/OT Dodendorf
Telefon: 0391/ 6221703
Telefax: 0391/ 6076776
E-Mail: info@seerosenwelt.de
Internet: www.seerosenwelt.de

Jürgen Peter . . . . .Kein Versand
Hermann-Löns-Weg 121
42697 Solingen

Gärtnerei Germann . . . . .Kein Versand
Am Rübsamenwühl 22
67346 Speyer
Telefon: 06232/63040
Telefax: 06232/63041
E-Mail: gaertnerei-germann@t-online.de
Internet: www.gaertnerei-germann.de

Seerosen-Epple . . . . .Mit Versand
Im Schemming 1
71726 Benningen
Telefon: 07144/6951
Telefax:07144/17227
E-Mail: info@seerosen-epple.de
Internet: www.seerosen-epple.de

Seerosenkulturen . . . . .Mit Versand
Franz Berthold
Hadrianstraße 55
83413 Fridolfing

Nymphaion . . . . .Mit Versand
Werner Wallner
E-Mail: kontakt@nymphaion.de
Internet: www.nymphaion.de

Bezugsquellen

nach Postleitzahlen sortiert

Staudengärtnerei Augustin . . . . . .Kein Versand
Neunkirchener Str. 15
91090 Effeltrich

Seerosen Wachter . . . . .Mit Versand
Heinrich Stuber
Hochgart 1
93189 Reichenbach
Telefon: 09464/434
Telefax: 09464/434
E-Mail: seerosen-stuber@web.de
Internet: http://people.freenet.de/Seerosen
http://landwirtschaft.freepage.de/Seerosen

Seerosen-Farm . . . . .Mit Versand
Erhard Oldehoff
Siegelmühle 2
94051 Hauzenberg
Telefon: 08586/1693
Telefax: 08586/91534
Internet: www.seerosen.de

Seerosen, tropische Seerosen . . . . .Mit Versand
und Wasserpflanzen
Elly Strobel
Ullitz 6
95183 Trogen
Telefon: 09281/43366

Gesellschaften und Verbände

Gesellschaft der Wassergarten-Freunde
Am Rübsamenwühl 22
67346 Speyer
Telefon: 06232/63040
E-Mail: gaertnerei-germann@t-online.de
Internet: www.wassergarten.de

Arbeitskreis Wasserpflanzen im Bund deutscher Staudengärtner
Godenberger Allee 142-148
53175 Bonn
Internet: www.stauden.de

Arbeitskreis Wasserpflanzen im VDA
Zusammenstellung der Regionalgruppen unter
www.vda-online.de

Bildnachweis

Archiv: 12, 14 o., 14 r.u.
Dieter Bechthold: 2/3, 5, 6 m., 7 r., 7 l., 8 m., 8 r., 9, 10, 11, 15, 16 o.l., 16 m.l., 16 u.l., 22 u.l., 22 u.r, 22 o.l., 26, 27, 28, 29, 30 o.r., 30 u.l., 31, 32, 33, 34, 35, 36 o.l., 36 u.l., 38 39 o.l., 40 o.l., 41 o.r., 41 u.l., 42, 43, 44, 45, 46, 47, 48, 49, 50 r., 51 o.l., 51 o.r., 51 u.r., 52, 54, 55, 56, 57, 59, 60, 61, 62, 63, 66, 67, 68, 69, 70, 71, 72, 73, 74, 75, 76, 77, 78, 79, 80, 81, 82, 83, 84, 85, 87 m., 88, 89 o., 90 o., 91 u., 92, 93, 94 u., 96 o., 97, 98 u., 99 u., 100, 101, 102 o., 103 o., 104 u., 106 u., 108 u., 111, 113, 114, 115 o.r., 116 u., 117 u., 120, 121 r., 122 o., 124 u., 125, 126 o., 127, 128 o., 130, 131 o.r., 131 u., 133, 134 u., 135 u., 136 u., 139 u., 140 o., 141 o., 143 o., 144 o., 145 o., 146 o., 147, 148 o.l., 149 o.l., 150, 151 o., 152, 153 o., 154 o., 155 o.r., 156 o., 157, 158 o., 160, 161 o., 162 o., 164, 165, 166 o.l., 166 u.r., 167 u.l., 168 o., 173 u., 174 u., 175 u., 177 o., 180 o., 181 o, 181 u.l., 181 u.r 182 o.r., 182 u.r., 183 u.l., 185, 187 o., 188 o., 189 o., 190 o., 191 o.l., 191 u.l., 192 o., 193 o., 196 o., 198 u., 199 o.l., 199 u.r., 200, 201 o., 203
Franz Berthold: 119 o., 154 u.
Henner Breukel: 30 o.l., 30 u.l., 51 u.l., 173 o., 178 o., 194 o.
Theo Germann: 36 u.r., 37
Axel Gutjahr: 19 o.l., 19 u.l.
Harro Hieronimus: 7 m., 13, 14 l.u., 19 o.r., 19 u.r., 22 o.r., 39 o.r., 41 u.r., 64, 65, 90 u., 91 o., 95 o., 105 o.l., 105 u.l., 105 u.r., 106 o., 108 o., 110 o., 112 u., 105, 115 o.l., 115 u., 117 o., 118 u , 121 o.l., 121 u.l., 122 u., 123 u., 131 o.l., 132 o., 135 o., 136 o., 137 u., 138 o., 142, 148 o.r., 148 u.l., 148 u.r., 149 o.r., 149 u.l., 153 u., 155 o.l., 155 u.l., 155 u.r., 156 u., 158 u., 159 o., 166 o.r., 166 u.l., 170 u., 171 u., 172 u., 177 u., 179 o., 180 u., 182 o.l., 182 u.l., 183 o.l., 183 o.r., 184 o., 186 u., 189 u., 190 u., 191 o.r., 191 u.r., 192 u., 194 u., 197 u., 199 o.r., 201 u., 202 o.
Christel Kasselmann: 16 m.r.
Christian Meyer: 6 l., 21, 25 r., 53 u., 98 o., 103 u., 107 u., 109 u., 117 o., 119 u., 123 o., 126 u., 129 o., 134 o., 138 u., 139 o., 143 u., 145 u., 151 u., 161 u., 163, 167 o.r., 167 u.r., 168 u., 169 o., 170 o., 171 o., 174 o., 175 o., 176 u., 183 u.r., 184 u., 187 u., 195 o., 204
Larry Nau: 16 o.r.
Jörg Petrowsky: 95 u., 193 u.
Andreas Protopapas: 8 l., 40 o.r., 40 u.l., 40 u.r., 41 o.l., 146 u.
Werner Wallner: 6 r., 22 u.l., 22 u.r., 23 u.l., 23 u.r. 24, 25 l., 50 l., 87 l., 87 r., 94 o., 96 u., 99 o., 102 u., 104 o., 107 o., 109 o., 110 u., 112 o., 116 u., 118 o., 124 u., 128 u., 129 u., 132 u., 137 o., 140 u., 141 u., 144 u., 159 u., 162 u., 167 o.l., 169 u., 172 o., 176 o., 178 u., 179 u., 186 o., 188 u., 195 u., 196 u., 197 o., 198 o., 199 u.l., 202 u.
David Wilson: 16 u.r.

Literatur

Compo-Edition (1990): Seerosen und andere Wasserpflanzen. Stedtfeld, Münster
Junge, Heinrich (ca. 1910): Seerosen und andere Wasserpflanzen für die Kultur im Freien. Hachmeister, Leipzig.
Petrowsky, Egon (1993): Seerosen für den Gartenteich. Gräfe & Unzer, München.
Slocum, Perry (2005): Waterlilies and Lotuses: Species, Cultivars, and New Hybrids. Timber Press, Portland, USA.
Slocum, Perry, Peter Robinson & Frances Perry (1996): Water Gardening: Waterlilies and Lotuses. Timber Press, Portland, USA.
Wachter, Karl (1998): Seerosen: winterharte und tropische Nymphaceen. Eugen Ulmer, Stuttgart.

STAUDEN JUNGE

100 Wasserpflanzen

40 Seerosen

<u>sowie</u>

Stauden

Farne

Gräser

Dachgartenstauden

Gewürzkräuter

Seeangerweg 1
31787 Hameln
Tel: 05151-3470
Fax: 05151-924345
Email: info@stauden-junge.de
www.stauden-junge.de
Mit Online-Shop und Versand

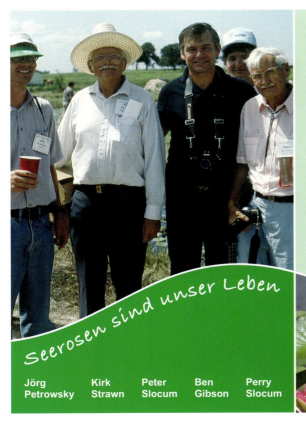

Seerosen sind unser Leben

Jörg Petrowsky · Kirk Strawn · Peter Slocum · Ben Gibson · Perry Slocum

Seit 1976 beschäftigen wir uns mit Seerosen. Um Seerosenerfahrungen auszutauschen, sind wir bis ans andere Ende der Welt gereist! 1992 haben wir die amerikanischen Züchter besucht. Bis heute wurden 180 winterharte Sorten zusammengetragen - sowohl alte als auch neue. Wir sichten sie mit dem Ziel, die am besten für unser Klima geeigneten Sorten herauszufinden und bekannt zu machen.

Sie sollen eine lange und reiche Blüte haben und wenig anfällig sein. Wir bieten Ihnen ausschließlich Seerosen aus eigenem Anbau an - sowohl Jungpflanzen als auch Solitärpflanzen. Unsere Gefäßgrößen reichen von einem Liter bis zu 50 Litern. Eine Auswahl unseres Sortiments finden Sie im Online-Shop.

Besuchen Sie uns!

Jörg Petrowsky

Sumpf- und Wasserpflanzen

Repositions-pflanzen

Seerosen

Informationen unter www.seerosensorten.de

Jörg Petrowsky
D-29348 Eschede
Aschauteiche 2
Fon +49 5142 803
Fax +49 5142 4030

Seerosen - Epple

Seerosen, Lotos, Sumpf- und Wasserpflanzen, Teichbau etc.

Im Schemming 1/1   71726 Benningen   Tel. 07144/6951
Privatverkauf: Mo.-Fr. 14°°-18°° Uhr Sa. 9°°-13°° Uhr
E-Mail: info@seerosen-epple.de / www.seerosen-epple.de

Eigene Züchtungen von winterharten und tropischen Seerosen sowie Lotusblumen für Ihren Garten-Schwimm- und Koiteich

Seerose "ERHARD OLDEHOFF"

Seerose "BÄRBEL OLDEHOFF"

Bitte Katalog anfordern. Versand in ganz Europa.
Seerosen-Farm Erhard Oldehoff
Siegelmühle 2 54051 Hauzenberg
TEL: 08586 /1693   Fax: 91534
www.seerosen.de

La vie en rose-Seerosenfarm

Seerosengroß- und Einzelhandel, Seerosenschnittblumen

Büro: Christian Meyer · Mittelstraße 30 · 15366 Dahlwitz-Hoppegarten
An den Teichen: Schlehenweg 3 · 15848 Rietz-Neuendorf OT Groß-Rietz
Tel. 0172- 3064084 · Fax 03342-301770 · **http://www.seerosenfarm.de**

**Winterharte und tropische Seerosen in über 100 Sorten.
Groß- und Einzelhandel.
Seerosenversand, sowie Teichartikel und Zubehör.**

Axel Gutjahr
Teichpflanzen
Die schönsten Sumpf- und Wasserpflanzen

137 Seiten, 178 Farbfotos, geb., € 17,80 / sfr 27,50, ISBN 3-935175-19-1

Claus Peter und Liebgunde Gering
Vom Teich zum Wassergarten
Gartengestaltung mit Wasser

126 Seiten, 260 Farbfotos, geb., € 19,80 / sfr 32,–
ISBN 3-935175-25-6

Mit Wasser lassen sich stille Oasen im stressreichen Alltag gestalten: Teiche, Moore und Bachläufe werden in die Gartenlandschaft eingebunden. Die Gewässer bilden mit Stauden- und Gehölzpflanzungen eine untrennbare Einheit. Wie das gelingt, zeigt dieses Buch.

Immer mehr Gartenbesitzer lassen sich bei der Gestaltung Ihres Teiches von natürlichen Vorbildern leiten. Dabei kommt den Wasser- und Sumpfpflanzen, die für den Gartenteich geeignet sind, eine immer größere Bedeutung zu. Das Buch ist Planungshilfe und Nachschlagewerk für jeden Gartenteichbesitzer: die hundert schönsten Pflanzen in Text und Bild.

Dähne Verlag
Ich weiß.

Dähne Verlag GmbH
Postfach 10 02 50 · 76256 Ettlingen
Tel. 07243/575-143 · Fax 07243/575-100
AG Karlsruhe HRB 363 E

Gartenteich.
Das große Wassergarten-Magazin.

- Alles über Pflanzen und Tiere am Teich
- Planung, Pflege und Technik
- Praktische Tipps und tolle Fotos

Gartenteich ist die große Zeitschrift für den Wassergarten. Informationen über Pflanzen und Tiere für Hobbygärtner, die einen Teich planen, neue Anregungen suchen und die ihren Teich pflegen und verschönern wollen.

Gartenteich erscheint viermal im Jahr und bringt darüber hinaus Sonderhefte zu speziellen Themen heraus.

Einfach per Telefon oder online bestellen
Leser Service 0 72 43 / 575-143
service@daehne.de • www.gartenteich.com

www.gartenteich.com

Dähne Verlag
Ich weiß.

Dähne Verlag GmbH
Postfach 10 02 50 • 76256 Ettlingen
Tel. 072 43 / 575-143 • Fax 072 43 / 575-100
AG Karlsruhe HRB 363 E